COLLECT MOMENTS
not things

Guide Me

WWW.GUIDEME.CH GUIDEME_TRAVEL

Das bin ich

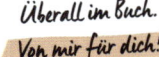

LOW $ BUDGET

Überall im Buch.
Von mir für dich!

FOTO TIPP FOTO TIPP FOTO TIPP FOTO TIPP

Inhalt

ZENTRUM

GRACHTENGÜRTEL

JORDAAN & NORDEN

MUSEUMSVIERTEL & WESTEN

DE PIJP & OOST

Hallo
Das bin ich

LARA RUNARSSON

Bei einem Besuch in Amsterdam darf für mich eine kleine Fahrradtour entlang der Kanäle auf keinen Fall fehlen.

Mein Amsterdamer Lieblingsgericht?

Als Naschkatze natürlich Stroopwafels von Van Wonderen.

3 Dinge, die du unbedingt mitnehmen solltest:

- ☐ Gepäckband fürs Fahrrad
- ☐ Regenzeug
- ☐ Kreditkarte

Meine Lieblingsfarben

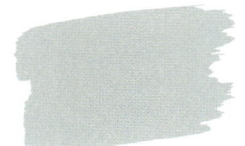

Hallihallo! Mein Name ist Lara, ich bin 22 Jahre alt und komme aus Würzburg, bin aber halbe Isländerin, also eine echte Wikingerin. Während meines Studiums habe ich das Bloggen auf Instagram – über Fashion, Fitness und andere Dinge, für die ich mich begeistere – zu meinem Beruf gemacht. Immer an meiner Seite: Meine Mum (:D) – seit Tag 1 ist sie die Frau hinter der Kamera. Ich bin eine Katzenliebhaberin, Serienjunky, Naschkatze, ein kleines Sensibelchen und manchmal auch ein bisschen durchgeknallt. Vor allem liebe ich es aber, zu reisen und dabei andere Kulturen kennenzulernen – einfach toll! Klar, dass ich nach dem Abi erst mal weit weg wollte, ein anderer Kontinent musste es schon sein. Aber Europa hat ja auch unglaublich viele schöne Ecken. Eine davon ist für mich Amsterdam – ganz nah, voller Abenteuer und das perfekte Ziel für einen Wochenendtrip! Deshalb ist es auch meine absolute Lieblingsstadt in Europa und ich komme immer wieder gern hierher!

In diesem Buch lege ich dir meine persönlichen Lieblingsplätze in Amsterdam ans Herz, führe dich zu tollen Foto-Spots, empfehle Lokale, in die ich gern gehe, und nicht zuletzt Shopping-Adressen … Für alle Nachtaktiven und Festivalgänger gibt es einen Party- und Festivalguide.

Also lass dich vom einzigartigen Amsterdam verzaubern!

Love, Lara

Und jetzt komm mit, ich zeige dir Amsterdam!

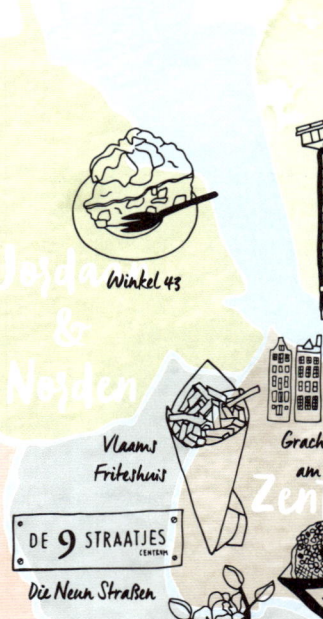

Winkel 43

Vlaams
Friteshuis

Grachtenhäuser
am Damrak

De School entdecken

DE 9 STRAATJES
CENTRUM

Die Neun Straßen

Van Wonder
Stroopwafels

Auszeit im Vondelpark

Bloemenmarkt

WMUWIF
Bench

Jordan
&
Norden

Zentrum

Grachten

Museumsviertel
&
Westen

De Pijp

MaMa Kelly

AMSTERDAM
Bucket List

'DAM
okout

de Lebkante..!

EBO Kroketten   Coffeeshops

düstel

Bar Botanique

Grachtenfahrt

Alle Highlights sind im Buch
mit einem ✳ gekennzeichnet

Oost

&

BLOSS NICHT VERPASSEN!

○ GRACHTENHÄUSER ENTLANG DES DAMRAK
○ KROKETTEN VON FEBO
○ VLAAMS FRITESHUIS
○ VAN WONDEREN STROOP-WAFELS
○ BLOEMENMARKT
○ COFFEESHOPS
○ DIE NEUN STRASSEN
○ A'DAM LOOKOUT
○ WINKEL 43
○ DE SCHOOL
○ VONDELPARK
○ MAMA KELLY
○ WAKE ME UP WHEN I'M FAMOUS
○ GRACHTENFAHRT
○ BAR BOTANIQUE

○ TO BE CONTINUED ...
○ ....
○ ....
○ ....
○ ....
○ ....
○ ....
○ ....
....

VOR DEINER REISE

Gut zu wissen

NICHT VERGESSEN – Cooles Party-Outfit, Feuerzeug, Regenschirm

ERMÄSSIGUNGEN – **Amsterdam Nightlife Tickets**: Ein Nightlife Ticket kostet 10 Euro für 2 Tage bzw. 20 Euro für 7 Tage und bietet Zugang zu über 30 Clubs, Erlebnissen und Extras.
Mit der **Iamsterdam City Card** für 24, 48 … 120 Stunden (65/80/… 130 Euro) kannst du die Mustsees der Stadt ermäßigt oder sogar kostenlos entdecken. Enthalten sind u. a. freier Eintritt in Museen, freie Fahrt im öffentlichen Nahverkehr.

UNTERWEGS
MIT DEM AUTO – Autofahren ist in der engen und oft verstopften Innenstadt wirklich kein Spaß, wer mit dem Auto kommt, stellt es am besten in einem Park + Ride am Stadtrand ab.
MIT BUS UND BAHN – Es verkehren Straßenbahnen (tram) und Busse sowie einige Metrolinien. Als Fahrscheine dienen ausschließlich Chipkarten, die Anschaffung (am Bahnhof und in Läden mit dem rosafarbenen OV-chipkaart-Logo) kostet 7,50 Euro. Um fahren zu können,

musst du sie aufladen. Pro Fahrt wird abgebucht, daher unbedingt beim Ein- und Aussteigen am Kartenlesegerät ein- bzw. auschecken, auch beim Umsteigen! Auf keinen Fall das Auschecken vergessen – der Zähler läuft dann weiter …
MIT DEM FAHRRAD – Eine Tour mit dem *fiets* ist ein echtes Erlebnis! Für die Fahrradmiete musst du mit etwa 5 bis 15 Euro pro Tag rechnen.
MIT DEM TAXI – Teuer und im Amsterdamer Straßenlabyrinth nicht gerade schnell unterwegs.

BEZAHLEN
Bargeldloses Bezahlen ist weit verbreitet, auch bei kleinen Beträgen. Nicht wundern, wenn du statt 52 nur 50 Cent zurückbekommst: In den Niederlanden werden alle Beträge auf 5 Cent gerundet. Ein- und Zwei-Cent-Münzen sind unüblich.

LINKS
SPOTTEDBYLOCALS.COM/AMSTERDAM
Tipps von Einheimischen zum Ausgehen und Shoppen.
AMSTERDAMNIGHTLIFETICKET.COM
Guter Überblick über das Bar- & Club-Angebot in Amsterdam, Infos über Events.

Urlaubs-Niederländisch

ja / nein / vielleicht	ja / nee / misschien
bitte / danke	alsjeblieft / dankjewel
Gern geschehen.	Graag gedaan.
Entschuldigung (auf sich aufmerksam machen).	Sorry!
Verzeihung! (im Gedränge)	Pardon!
Gute(n) Morgen / Abend / Nacht	Goedemorgen / -avond / -nacht
Hallo / Tschüss	Hallo / Doei!
Wie geht's dir?	Hoe gaat het met jou?
gut / geht so / schlecht	goed / gaat wel / slecht
Ich heiße … / Wie heißt du?	Ik heet … / Hoe heet jij?
Ich möchte …	Mag ik …
… ein Bier	… een biertje
… ein Glas Wein	… een glas wijn
… eine Zigarette	… een sigaret
… einen Kurzen	… een shotje
Was kostet das?	Wat kost dat?
Ich bin betrunken.	Ik ben dronken.
Mist! (fluchen)	Godverdomme
Bekomme ich deine Nummer?	Mag ik jouw nummer?
Willst du mit mir tanzen?	Wil je met me dansen?
Wo finde ich …?	Waar kan ik … vinden?
Ich möchte zahlen, bitte.	De rekening graag.
Das habe ich nicht verstanden.	Dat begrijp ik niet.
Küss mich!	Kus me!
Ich liebe dich!	Ik hou van jou!

REISE-KNIGGE

UNBEDINGT VERMEIDEN!

Auf keinen Fall solltest du ...

... mit dem Auto fahren. Amsterdams Innenstadt ist nicht fürs Auto gebaut. Besser mit den Öffentlichen fahren, oder mit dem Bike.

... Deutschkenntnisse voraussetzen. Das kommt nicht gut an! Besser, du versuchst es zuerst mit Englisch.

... im Rotlichtviertel aufdringlich glotzen und/oder von den Prostituierten hinter den Fensterscheiben Fotos machen. Letzteres ist sogar verboten!

... auf Radwegen laufen. Die Radfahrer hier setzen ihr Vorrecht mitunter rücksichtslos durch. Crashgefahr!

... in der Öffentlichkeit kiffen oder Alkohl trinken. Das wird nicht gern gesehen, vielerorts ist es verboten und wird bestraft.

... Cannabis von einem Straßendealer kaufen. Das ist strafbar und gefährlich, denn meist ist es gestreckt! Der Kauf von max. 5 g in einem Coffeeshop ist legal.

... falsch begrüßen: Frauen tauschen mit Frauen und Männern je drei Wangenküsschen aus, Männer bleiben beim Handschlag oder Schulterklopfen.

... ohne gültiges Ticket in Bus oder Bahn einsteigen. Du brauchst eine sogenannte OV-chipkaart – die gibt's am Ticketautomaten.

STELL DIR VOR:
DU HIER! ⇨ ⟶

AMSTERDAM

Zentrum

Das angesagteste Viertel Amsterdams ist auch das älteste: der Rotlichtbezirk De Wallen mit idyllischen Grachten und schmucken Backsteinhäuschen. Entsprechend abwechslungsreich ist die Szenerie. Im Umfeld der Plätze Dam, Spui, Rembrandtplein und Nieuwmarkt tummeln sich zwischen Neonreklamen und Grachtenhäusern Touristen, Junkies, Shopper, Studenten – und Prostituierte. Dieser bunte Mix zeigt sich auch in Kneipen, Ateliers, Restaurants und Cafés.

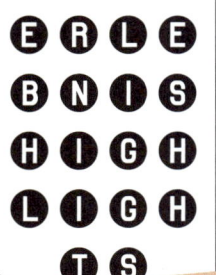

ERLEBNIS HIGHLIGHTS

ZENTRUM

> **GRACHTENHÄUSER BESTAUNEN**

> **DIE STADT PER BIKE ERKUNDEN**

> **IN DER WLOUNGE CHILLEN**

> **IM „BIENENKORB"**
> **SHOPPEN**

> ....

> ....

> ....

Grachten, Brücken, ganz viel Flair – hello in Amsterdam!

Zentrum

SEHENSWERTES

- ⭐ GRACHTENHÄUSER ENTLANG DES DAMRAKS
- 2 ROTLICHTVIERTEL
- 3 FAHRRADTOUR
- 4 NIEUWMARKT
- ⭐ KROKETTEN VON FEBO
- 6 NEMO SCIENCE MUSEUM
- 7 BRÜCKE ZUM NEMO
- 8 SPUI
- 9 BEURSPASSAGE
- 10 CHINATOWN
- 11 GEHEIMKIRCHE ONS' LIEVE HEER OP SOLDER
- 12 MONTELBAANSTOREN & SCHEEPVAARTMUSEUM

ESSEN & TRINKEN

- 13 W LOUNGE
- 14 D'VIJFF VLIEGHEN
- 15 ADAM & SIAM
- 16 CAFÉ DE DOKTER
- 17 NEW KING
- 18 GARTINE
- ⭐ VLAAMS FRITESHUIS VLEMINCKX
- 20 BURGER BAR
- ⭐ VAN WONDEREN STROOPWAFELS
- 22 MEDIAMATIC ETEN

SHOPPING

- 23 DE BIJENKORF
- 24 MAGNA PLAZA
- 25 KALVERSTRAAT

EYE Filmmuseum

A'DAM

HET IJ

IJ-TUNNEL

Hammerbystr.
Céramique-
Bercylaan
laan
Badhuis-
Tolhuis-
weg
weg
Buiksloterweg v.h.
Voorhaven v.h.
Noordhollands
Kanaal
Sixhaven-
weg
Sixhaven

Buiksloterkade
Ranonkelkade
Bulksloter-
weg
Meeuwenlaan
IJplein

Havik-
str.
Zwaluw-
str.
Ganzen-
str.
Reiger-
tegaal
Sperwer-
str.
leeuwerik-laan
wen-
str.
Ooievaars-
weg
Val-
ken-
weg
Nach-
te-
gaal
Meeu-
wen-laan
Spreeuwen
park
Ade-
laar-
weg
Insteek

Gedempte
Buiksloter-
sloot

Motor-
kanaal
Motor-
wal
makerij

Prins Hendrikkade
Martelaarsgracht
Nieuwe-dijk
Ruijter-
kade
De
Ruijterkade
Piet
Heinkade
Piet Hein
Buildings
Jollemanhol
Passenger
Terminal
Amsterdam

Stationsplein
Centraal Station
Centraal Station
M

Muziekgebouw
aan't IJ

Dijksgracht
Dijks-gracht

Droog-
bak
Hog. bak
Prins Hendrikkade

Nieuwezijds
Voorburgwal
Oudezijds Kolk
Zeedijk
Oudezijds Voorburgwal
Oudezijds Achterburgwal
Warmoesstraat
Prins
Oosterdok

Oude
Kerk
Oudekerksplein
Beursplein

Centrale
doks.
Bibliotheek
Centrale
Reve
Mus.
Conservatorium

NEMO
Science Museum

Marineterrein
VOC-schip
Scheepvaart
museum
ARCAM
Katten-
burger-
plein

Kattenburgerstraat
Oostenburgergracht
Bijlespad

Scheepvaart-
huis

Buiten
Bantam-
merstr.
Binnen
Bantam-
merstr.

Schippers-
str.
Kalk-markt
Hendrik-
kade
IJ-TUNNEL

Dam-rak
Rokin

De Waag
Nieuwmarkt
Nieuwmarkt
M

St. Antonies-breestr.
Dijkstr.
Krom Boomssloot
Recht Boomssloot
Nwe. Ridder str.
Oude
Waal
schans
Oude-schans
Oude-Waal

Geldersekade
eilandsgracht

Doelenstr.
Kloveniersburgwal
Univ.
Mus.
Soc.
Inst.
Zandstr.
Raamgr.
Groenburgwal
Zwanenburgwal
Rusland
Staal-str.

Jodenbreestr.
Ullenburgergracht
Ullenburger-
str.
Rapenburg
Rapenburger-
str.
Rapenburgerstr.

Nwe.
Foeliestr.
Foelie-
str.
Schippers-
gracht
Kadijks-
plein

Hogere
Zeev. Sch.
Nieuwe-

Oostenburgergracht
Lgd. Kadijk
Kattenburger-gracht

Museumwerf
't Kromhout

Stadhuis
Nationale
Opera en
Ballet
Amstel

Mr.
Visser-
pl.
J.D.
Meijerplein
M
Amstelstr.
Waterlooplein
Waterlooplein

Muiderstr.
Herengracht
Plantage

Wertheim
park

H.Polaklaan
Verz.
Mus.
A.N.D.B.
Nat.
Holocaust
Mus.

Plantagekade
Plantage
Doklaan
Planetarium
Geolog.
museum
Natura
Artis
Zoölogisch
Museum
Midden

Restaurant
dok
Entrepot-dok
Overhaals
gang
Kadijk

Rembrandt-plein
Thorbecke-plein
Reguliersgracht
Utrechtsestr.

Amstel
str.
Mus.
Nieuwe
Amstelhof
Hermitage
Amsterdam
Keizersgr.
Kerkstr.
Wittenberg
Weesper-str.

Hortus
Botanicus
Hortusplant
Hortusplantsoen
Plantage
Plantage
Plantage
Plantage
Westermanlaan
Plantage
Doklaan
Artisbibl.

Blauwbrug

Magere
Brug
Theater
Carré
Nwe.
Prinsengr.
Achtergracht
Sarphati-
straat
Dr.
Sarphati-huis
Roeterstr.
Mauritskade
Alexander-
plein
Singelgracht
Singelgracht

Bur.
Civitas
Kerk-
straat
Amstelveld
Frederikstr.
Lepelstr.
Lepelkruisstr.
Manege-gestr.
Weesperplein
Valkenier
str.
Nieuwe Prinsengracht
Nieuwe Keizersgracht
Roeterstraat
Biochem.
Econom.
G.G.D.
Natuurk.
Lab.
Univ. v.
Amsterdam
Wiskunde
UvA
Rijksacad.
v.B.Kunsten
Spinoza-hof

Amstelsluizen

1 5 11 2 3 10 23 4 17 7 6 22 12

Tolle Fotos lassen sich zwischen den Anlegestellen für die Boote (Damrak 27) machen. Stellt man sich genau dazwischen, hat man freie Sicht und die Häuser relativ nah im Bild.

SEHENSWERTES

1. GRACHTENHÄUSER

Mit welchen Dingen verbindest du Amsterdam? Neben Fahrrädern und Windmühlen muss ich direkt an die Bauweise der Häuser denken – die sogenannten Grachtenhäuser. Den perfekten Platz, um die schmalen und schiefen Häuser zu sehen, findest du am Damrak, Amsterdams Prachtstraße.

Vom Hauptbahnhof führt der Damrak zum Dam Platz, der mitten drin liegt im Grachtengürtel, einem UNESCO-Welterbe. Gleich zu Beginn des Wegs eröffnet sich ein besonders guter Blick auf einige Grachtenhäuser, weil ein relativ breites Kanalstück für ungewöhnlich viel Distanz sorgt. Ob breit, oder schmal, niedrig oder hoch, gerade oder windschief – ihre Vielfalt verdanken die Amsterdamer Grachtenhäuser dem Umstand, dass die Bauvorschriften zur Zeit ihrer Errichtung (14. bis 16. Jh.) noch weniger streng waren als in der Zeit danach. Hier im Zentrum der Stadt musst du einfach durch die eine oder andere enge Gasse laufen und Blicke in die kleinen Höfe werfen. **Der bekannteste Innenhof ist wohl der Begijnhof. Er zählt zu den beliebtesten Foto-Kulissen und liegt sehr versteckt hinter einer Tür am Spuiplein.** Die prächtigsten Häuser stehen zehn Gehminuten vom Begijnhof entfernt im Gouden Bocht (Goldener Bogen) an der Herengracht.

Damrak 44 | Station: Dam oder Centraal

BUCKET LIST
Grachtenhäuser

Hier fehlt eins in der Reihe...
Kreiere dein eigenes Gratenhaus und
fülle die Lücke. Oder mach ein Foto von dir und den realen
Häusschen und kleb' es ein!

2. ROTLICHTVIERTEL

Wegen der Grachtenhäuser, aber auch wegen seines speziellen Charmes als Rotlichtbezirk, entdecken immer mehr Betreiber von coolen Restaurants und Cafés das Viertel De Wallen wieder. Die Rotlichtszene ist vor allem im Bereich von Oudezijds Voorburgwal und Oudezijds Achterburgwal zuhause. Insgesamt gibt es hier 330 Schaufenster, in denen Prostituierte ihre Dienste anbieten und die Freier vor die Qual der Wahl stellen. Gleichzeitig drängen sich in den engen Gas-sen tausende Touristen, fasziniert vom speziellen Mix aus Rotlichtflair, Szeneviertel und Grachtencharme.

Dass das erste Prostitutionsmuseum der Niederlande, das Red Light Secrets, hier seinen Platz finden würde, ist also kein Wunder. 2014 öffnete es am Oudezijds Achterburgwal in den Räumen eines ehemaligen Bordells seine Türen – hier können Mann und Frau u.a. mithilfe von 3-D-Animationen Einblicke in die fremde Welt der Prostitution nehmen. Du kannst sogar selbst in einer Fenstersimulation Platz nehmen und auf einem Barhocker per Video „erleben", wie die Passanten an dir vorbeiziehen und gaffen.

Oudezijds Achterburgwal | Metro: Nieuwmarkt

> TIPP
> Zwischen Sexshops und Prostituierten-fenstern sorgt z. B. das Café-Restaurant Mata Hari (Oudezijds Achterburgwal 22) für das konventionelle leibliche Wohl.

Am liebsten fahre ich entlang der Kanäle. Hier ergeben sich immer wieder tolle Spots für ein kleines Foto-Shooting.

FOTO TIPP FOTO TIPP FOTO TIPP FOTO TIPP FOTO

3. FAHRRADTOUR

Du willst Amsterdam auf dem Fahrrad erkunden? Super Idee! Das Gelände ist flach und das Wegenetz extrem radlerfreundlich ausgebaut. Außerdem ist Amsterdam nicht wirklich weitläufig: Die Stadt ist ohne großen Aufwand mit dem Rad zu durchqueren und zu umrunden. Aber: Pass auf dich auf, denn Regeln – wer braucht die schon? Na ja, eigentlich sollte man sie schon beachten, z.B. die, das Fahrrad immer in den gekennzeichneten Flächen zu „parken" und es nicht an ein Brückengeländer anzuschließen. Selbstverständlich gibt's auch geführte Radtouren, z.B. bei www. amsterdam-stadtfuehrung.de.

Tipp: Pack unbedingt ein Gepäckband für das Fahrrad ein! Nicht alle Mietfahrräder haben einen Korb.

Prins Hendrikkade 100 | Station: Centraal

Markt an der
De Waag am
Nieumarkt

4. NIEUWMARKT

Am Übergang vom Rotlichtviertel zur
Chinatown erstreckt sich rund um das
trutzige Gebäude der Alten Stadt-
waage (De Waag) der von Kneipen
und Cafés, Restaurants und Boutiqen
gesäumte lebhafte Nieuwmarkt. Wer
sich hier niederlässt, hat eigentlich
immer 'was zu sehen: Tagsüber (täglich!) hast du die Marktbuden mit
Bio-Produkten im Blick, abends die
Menschenmassen, die sich in Richtung
Rotlichtviertel schieben. **Im Sommer
der perfekte Ort, um die letzten Son-
nenstrahlen bei einem Weinchen oder
ein paar biertjes zu genießen.** In dem

*Kulturclash vorprogrammiert:
Zwischen Rotlichtviertel und
Chinatown gibt es Sexshops, nasi
goreng und Bio Gouda.*

historischen Waaghaus befindet sich
heute übrigens das Restaurant-Café
In de Waag. In den Innenräumen sorgen 300 Kerzen für ein stimmungsvol-
les Ambiente.

Nieuwmarkt | Metro: Nieuwmarkt

5. KROKETTEN VON FEBO

Du hast die Qual der Wahl: Soll's ein „Frikandel" sein, ein „Bamischijf", doch lieber die „Rookworstkroket", ein Burger oder, oder, oder? Beim Traditions-Imbiss FEBO gibt es Fastfood-Snacks – heiß und fettig, günstig und aus dem Automaten. Mit einem großen roten „F" markiert, stehen die an ziemlich vielen Straßenecken in Amsterdam. Für prompten Nachschub sorgt die hinter der Automatenfront arbeitende Küche. FEBOs Konkurrent heißt übrigens Smullers – gemeinsam sind sie eine echte Amsterdamer Spezialität und besonders beliebt bei hungrigen Partygängern. **Aber auch wer auf den Kanälen unterwegs ist, muss nicht hungern: An der Prinsengracht gibt's ein Drive-in (Drijf-in) für Boote von FEBO.**

Z.B.: Oudezijds Voorburgwal 33 | Metro: Nieuwmarkt

Achtung! Es scheint ein Running Gag zu sein, ein Fach zu öffnen, einmal abzubeißen und die Krokette dann zurückzulegen. Also lieber zweimal hinschauen, bevor du ein Türchen öffnest.

BUCKET LIST
FEBO-Kroketten

Was hat dir am Besten geschmeckt?

FEBO FAVORITES

NAME OF DISH	RATING
	☆ ☆ ☆ ☆ ☆
	☆ ☆ ☆ ☆ ☆
	☆ ☆ ☆ ☆ ☆
	☆ ☆ ☆ ☆ ☆
	☆ ☆ ☆ ☆ ☆
	☆ ☆ ☆ ☆ ☆
	☆ ☆ ☆ ☆ ☆
	☆ ☆ ☆ ☆ ☆

Morgens komme ich gern hierher und genieße fernab vom Trubel die Ruhe und den Ausblick.

6. NEMO SCIENCE MUSEUM

Im Hafen von Amsterdam findest du das NEMO Science Museum, in dem wissenschaftliche Themen anschaulich, spielerisch und mit vielen Experimenten erklärt werden. Für mich ist es aber auch wegen der spektakulären Architektur ein echtes Highlight: Einem riesigen Schiff ähnlich liegt das Gebäude von Renzo Piano am Hafen. Das schräge Dach kannst du sogar kostenlos begehen (außer in den holländischen Schulferien und an Feiertagen) und die spektakuläre Aussicht über Amsterdam gratis genießen. Viele Amsterdamer kommen für ein Picknick hierher und es gibt ein Freiluftcafé mit Sitzsäcken. **Ich empfehle dir, bei Sonnenuntergang dort einen Stopp zum Entspannen einzulegen.**

Oosterdok 2 | Bus: Kadijksplein

7. BRÜCKE ZUM NEMO

Fährst du mit dem Fahrrad vom Oosterdokskade in Richtung IJ-tunnelpier, gelangst du über die Mr. J.J. van der Veldebrug direkt zum Nemo Science Museum. Halte auf der zweigeteilten, insgesamt 134 m langen schlanken Brücke kurz an, denn sie ist eine tolle Foto-Location. Vor allem der Blick von der futuristisch wirkenden Brückenkonstruktion Richtung Nemo Science Museum ist einfach spektakulär! **Am besten kommst du abends, wenn Museum und Brücke angestrahlt werden und weniger Leute da sind.**

Mr. J. J. van der Veldebrug | Bus: Kadijksplein

FOTO TIPP FOTO TIPP FOTO TIPP FOTO

8. SPUI

Umringt von Amsterdamer Traditionskneipen wie dem Café Luxembourg, dem Zwart und dem 1670 eröffneten Café Hoppe mit schummrigem Holzinterieur und Sand auf dem Boden, gilt der Spui als urigster Platz der Stadt. Warum Amsterdams Kneipen sich „Café" nennen? Das liegt an der Zeit unter französischer Herrschaft um 1800: Damals stieg man von der niederländischen Bezeichnung „krug" auf das vornehmere „Café" um.

Neben den Kneipen hat der Spui aber noch viel Kultur zu bieten. Freitags findet hier ein Buchmarkt statt, sonntags (März bis Dezember) ein Kunstmarkt mit Kunsthandwerk, Gemälden und Schmuck. Kein Wunder, dass die Amsterdamer den Spui auch „Artplein" nennen. Genug von dem Trubel? Ein paar Schritte – oder eine Tür – weiter geht's zum berühmten, stillen Begijnhof (siehe Nr. 1).

Spui | Station: Rokin

> **TIPP**
> Seit seiner Eröffnung im Jahr 1670 hat sich das Café Hoppe kaum verändert. Am späteren Nachmittag versammelt sich halb Amsterdam vor der Kneipe am Spui.

Positioniere dich gaaanz am Anfang der Passage und fotografiere von unten nach oben, um das schöne Deckengemälde mit drauf zu haben.

9. BEURSPASSAGE

Du magst Jugendstil und mal einen besonderen Foto-Spot? Dann musst du in die kurze Beurspassage! Du findest sie, wenn du vom Dam-Platz aus auf dem Damrak etwa 200 m Richtung Hauptbahnhof läufst. Auf der linken Seite geht sie dann ab. Im ersten Moment fällt sie nicht ganz so auf, aber die Wände und vor allem die Decke der Passage sind wirklich sehr schön bemalt und dekoriert – ein perfekter Hotspot zum Fotografieren. **Am besten früh morgens kommen.**

Beurspassage | Station: Dam

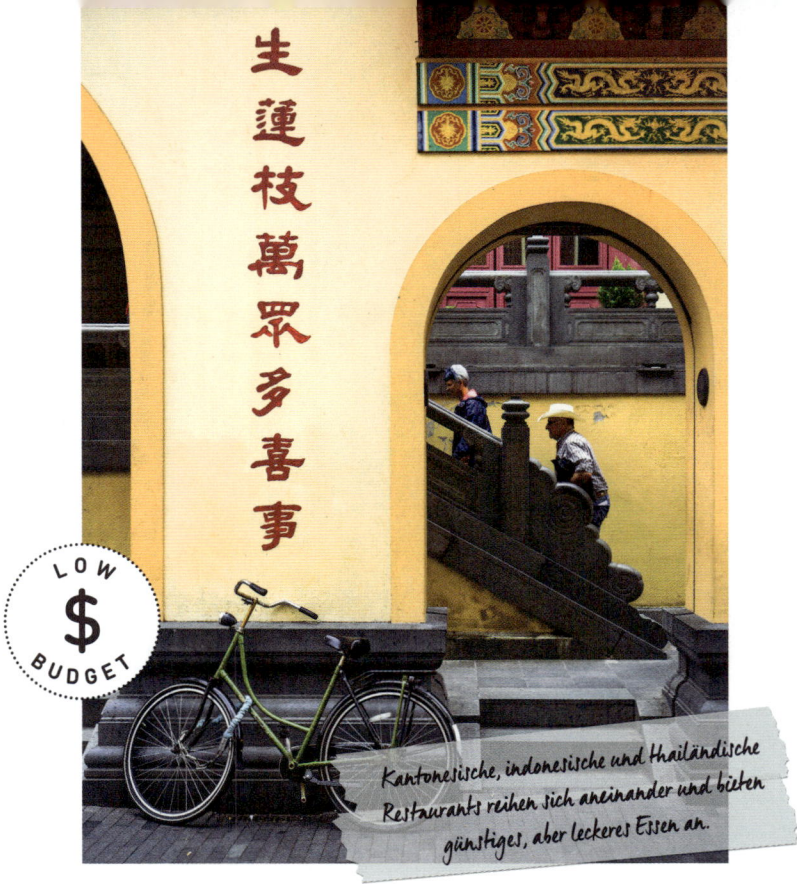

生蓮枝萬眾多喜事

Kantonesische, indonesische und thailändische Restaurants reihen sich aneinander und bieten günstiges, aber leckeres Essen an.

10. CHINATOWN

Das Klein-China von Amsterdam erstreckt sich rund um Zeedijk und Nieuwmarkt, zweisprachige Straßenschilder zeichnen es aus. Zu Beginn des 20. Jh. kamen viele Chinesen als Matrosen in die Grachtenstadt, manche blieben, um sich hier ein besseres Leben aufzubauen, und holten schließlich ihre Familien nach. So konnten chinesische Traditionen überdauern und werden bis heute gepflegt. Kein Wunder also, dass es hier authentische chinesische Restaurants gibt, in deren Fenstern gebratene Pekingenten baumeln. Zudem findest du chinesische Bäckereien, Arztpraxen, kleine Boutiquen und Massagesalons, die Akupunktur anbieten. **Am eindrucksvollsten ist wohl der buddhistische Fo-Guang-Shan-He-Hua-Tempel, den man auf eigene Faust gratis besichtigen kann.** Samstagnachmittags werden aber auch Führungen angeboten.

Zeedijk 87 | Metro: Nieuwmarkt

11. KIRCHE AUF DEM DACHBODEN: ONS' LIEVE HEER OP ZOLDER

Von außen sieht man diesem alten Grachtenhaus auf dem Oudezijds Voorburgwal nicht an, was es versteckt. In den unteren Stockwerken scheint es ein ganz normales Kaufmannshaus aus dem 17. Jh. zu sein. Wenn du durch dieses verwinkelte Grachtenhaus streifst, bekommst du einen Eindruck davon, wie Kaufleute im „Goldenen Zeitalter" der Niederlande, einer beispiellosen kulturellen Blütezeit, lebten. **Warum das Gebäude „Unser lieber Herrgott auf dem Dachboden" heißt, erschließt**

sich tatsächlich erst unter dem Dach, wo sich seine eigentliche Attraktion versteckt – eine katholische Geheimkirche! Sie wurde 1661 mit Hochaltar und zwei Galerien eingerichtet. Weil die in den Niederlanden herrschenden Calvinisten den Katholiken verboten hatten, ihren Glauben öffentlich zu praktizieren, mussten die Kirchgänger sich durch einen Seiteneingang in das Grachtenhaus schleichen, um hier zu beten.

Oudezijds Voorburgwal 38 | Metro: Nieuwmarkt

Geheimkirche
auf dem
Dachboden

Im Innenhof des Scheepvaart-museums lassen sich im Spiel von Licht & Schatten tolle Fotos machen!

12. MONTELBAANSTOREN & SCHEEPVAARTMUSEUM

Das hübsche Türmchen Montelbaanstoren ist eins der beliebtesten Foto-Motive der Stadt und lässt sich am besten vom gegenüberliegenden „Park" 's-Gravenhekje 11 fotografieren (über die Brücke an der Prins Hendrikkade, dann rechts der Straße folgen). Ein toller Spot, um dich mit dem Türmchen, dem Kanal und vielen kleinen Booten abzulichten. Im 16. Jh. wurde er als Verteidigungsturm an der Gracht Oude Schans errichtet, die damals die Stadtgrenze bildete. Offenbar ging die Turmuhr nicht unbedingt genau, und die Glocken läuteten entsprechend. Das brachte dem Turm den Beinamen „Malle Jaap" („Verrückter Jakob") ein.

800 m vom „Malle Jaap" entfernt wird im Scheepvaartmuseum die glanzvolle Geschichte der niederländischen Seefahrt lebendig. Jede Menge Schiffsmodelle, alte Navigationsgeräte und Karten bilden eine der größten Schifffahrtssammlungen der Welt. Neben dem Museum liegt im Oosterdok ein Nachbau des Ostindienfahrers „Amsterdam". Hier gibt es Foto-Motive in Fülle, vor allem aber auch im fantastischen überdachten Innenhof des Museums.

Kattenburgerplein 1 | Bus: Kadijksplein

ESSEN & TRINKEN

13. W LOUNGE

Die W Lounge bietet so viel: einen tollen Platz zum Verweilen, eine Bar mit leckeren Cocktails, einen Pool über den Dächern von Amsterdam und dazu eine wahnsinnig schöne Aussicht, besonders bei Sonnenuntergang. Hier solltest du unbedingt mal vorbeischauen!

W Hotel, Spuistraat 175 | Tram: Dam | www.wloungeamsterdam.com | @wamsterdamhotel

14. D'VIJFF VLIEGHEN

Hier in einem der neun miteinander verbundenen Speisesäle zu dinieren, hat etwas von einer Reise ins Goldene Zeitalter. Eine historische Waffensammlung, alte Gemälde und mit hauchvergoldetem Leder dekorierte Wände sorgen für ein authentisches und gleichzeitig cooles Ambiente. Kein Wunder bekommt man hier altholländisches Essen modern interpretiert serviert.

Der Name „Fünf Fliegen" bezieht sich auf eine alte Volière mit fünf kupfernen Fliegen, die im Restaurant zu bestaunen ist.

Spuistraat 294 | Tram: Spui | www.vijffvlieghen.nl | @vijffvlieghen

15. ADAM & SIAM

Thai-Dutch-Fusion: In diesem Bistro in einem alten Tabak-Lagerhaus kommen Welten zusammen. Auf der Karte finden sich Hollandse Kroketten und Tom-Kha-Gai-Suppe, Dim Sum und Beef Burger. Das Ganze in einem kontrastreichen Mix aus östlichem Dekor und moderner Kunst.

Rokin 93 | Metro: Rokin | www.adamsiam.nl | @adamsiam.nl

16. CAFÉ DE DOKTER

Wenn's cool und stylish sein muss, ist „Het Doktertje", wie diese Kneipe im Volksmund heißt, die falsche Wahl. Wer den 18 m² großen Laden betritt, macht einen Zeitsprung, und zwar rückwärts. 1798 öffnete die heute kleinste Kneipe Amsterdams ihre Pforten und wurde rasch das Stamm-

FOTO TIPP FOTO TIPP FOTO TIPP FOTO TIPP

The W Hotel Rooftop

Pommes
von Vlaams
Friteshuis

Slow-Food-Regeln zugekauft. Diese Versprechen des in einer Seitenstraße der Kalverstraat versteckten Frühstücks- und Lunchrestaurants können maximal 24 Gäste gleichzeitig checken. Die Karte richtet sich also nach der Saison. Von 14 bis 17 Uhr gibt's vier High-Tea-Gerichte, z.B. mit Quiche, Sandwich, Kuchen – und Tee, natürlich.

Taksteeg 7 | Metro: Rokin | www.gartine.nl | @gartine_ams

lokal der Studenten und Professoren der medizinischen Fakultät, daher der Name. Den Charme der alten Zeiten hat es irgendwie bewahrt, und das spiegelt sich im Angebot: Bei coolen Jazzklängen werden Bier, Wein, Whisky und Gin ausgeschenkt.

Rozenboomsteeg 4 | Metro: Rokin | www. cafe-de-dokter.nl | @cafededokter1798

17. NEW KING

Mandarin-Chinese, der immer brechend voll ist, mit Design-Interieur in schummrigem Licht. Die Gerichte, China-Klassiker, aber auch solche, die man sonst eher selten findet, von Auberginen mit Tofu bis hin zu gedünstetem Steinbutt, kommen in der Regel schnell auf den Tisch. Reservieren kannst du hier nicht.

Zeedijk 115-117 | Metro: Nieuwmarkt | www. newking.nl | @newkingamsterdam

18. GARTINE

Gemüse und Obst kommen aus dem eigenen Garten! Weiteres wird nach

19. VLAAMS FRITESHUIS VLEMINCKX

Eine Institution: Seit gut 60 Jahren versorgt der „Sausmeester" nur ein paar Schritte vom Spui entfernt in einem winzigen Laden die oft in langen Schlangen geduldig ausharrende Laufkundschaft mit hausgemachten belgischen (!) Pommes (doppelt frittiert natürlich), die dann aus der dreieckigen Papiertüte verzehrt werden. Mit hinein gibt's hausgemachte Soßen; 26 Varianten sind auf der Karte.

Voetboogstraat 33 | Metro: Rokin | www. vleminckxdesausmeester.nl

> TIPP
> Wer lieber am Tisch Platz nimmt, geht ein paar Schritte weiter zur Chicken Bar des Vlaams in der Voetboogstraat 6 – da gibt's die Pommes auch mit Hühnchen.

BUCKET LIST

Vlaams Friteshuis Vleminckx

Du hast sie alle durch? Welche Sauce hat dir am Besten geschmeckt?

BEST SAUCE IN TOWN

NAME OF SAUCE	RATING
	☆ ☆ ☆ ☆ ☆
	☆ ☆ ☆ ☆ ☆
	☆ ☆ ☆ ☆ ☆
	☆ ☆ ☆ ☆ ☆
	☆ ☆ ☆ ☆ ☆
	☆ ☆ ☆ ☆ ☆
	☆ ☆ ☆ ☆ ☆
	☆ ☆ ☆ ☆ ☆

20. BURGER BAR

Amsterdam ist ein echter Burger-Hotspot. Zu den besten Anbietern gehört die Burger Bar (mit drei Filialen). Auf der Karte stehen zehn Burger (auch vegetarisch) sowie Hot Dogs, du kannst dir deine Wunschkombi aber auch selbst zusammenstellen. Serviert wird in den hausgemachten Buns wie Sesam, Italian, Brown oder Brioche Deluxe.

Ebenfalls super sind die Burger von ellis (mehrere Filialen), nicht zuletzt der vegane (!) Beyond Burger.

Kolksteeg 2 | Station: Nieuwezijds Kolk | www. burgerbar.nl | @burgerbarnl

21. VAN WONDEREN STROOPWAFELS

Die Stroopwafel (zwei Waffeln mit Karamell dazwischen) ist eine niederländische Spezialität, die du nur

hier frisch zubereitet bekommst. Bei van Wonderen kannst du sogar dabei zuschauen, wie deine Waffel gebacken wird, dir ein Topping (van Wonderens Spezialität) zusammenstellen und sie dann warm und knusprig genießen. **Ein Traum und dazu noch ein toller Insta-Foto-Spot, der auch bei vielen Promis beliebt ist! Mehrere Filialen.**

Kalverstraat 190 | Metro: Rokin | www.vanwonderenstroopwafels.nl | @vanwonderenstroopwafels

22. MEDIAMATIC ETEN

Im Mediamatic gegenüber dem Nemo Science Museum entsteht ein Stück Zukunft – hier werden die Möglichkeiten der Verwendung von pflanzlichen Materialien in Design und Wissenschaft erforscht. Im größten Gewächshaus auf dem Gelände sind allerdings kaum Pflanzen zuhause. Hier, direkt am Wasser und mit fantastischer Aussicht, empfängt das Waterfront Restaurant Mediamatic Eten seine Gäste. Die sind aufgefordert, die Speisen mit allen Sinnen zu erfahren – und z. B. lieber die Finger zu benutzen als Besteck. Wer keinen Hunger hat, bestellt sich ein Craftbeer aus der Region und genießt die Sonnenterasse.

Dijksgracht 6 | Tram: Muziekgeb. Bimhuis; Bus: Piet Heinkade | www.mediamatic.net | @mediamatic_eten

Mediamatic Eten

BUCKET LIST

Van Wonderen Stroopwafels

Kreiere deine perfekte Stroopwaffel:

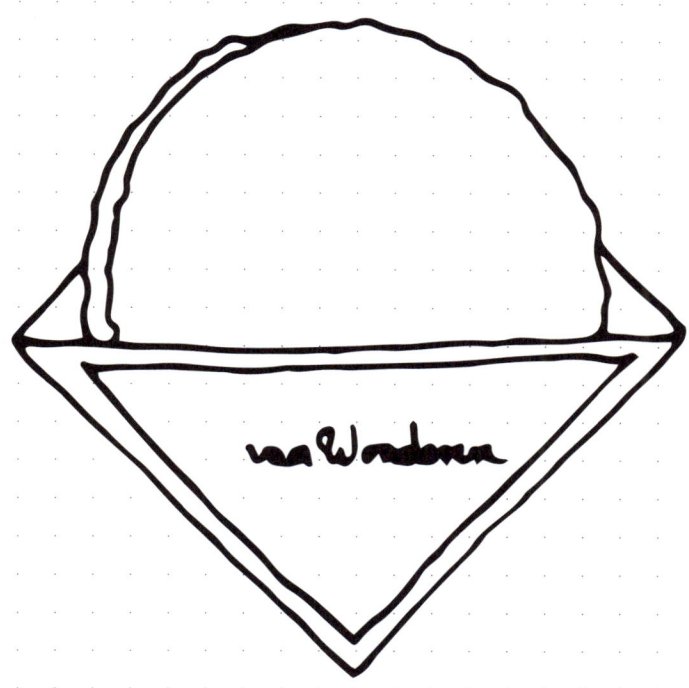

SHOPPING

23. DE BIJENKORF

De Bijenkorf ist *das* niederländische Warenhaus, sein Flagship-Store mit einem eher hochpreisigen und luxuriösen Sortiment steht als echter Prachtbau auf dem Dam in Amsterdam. Im „Bienenkorb" wirst du auf fünf Etagen und 20 000 m² wirklich alles finden, von Herren-, Damen- und Kindermode bis hin zu Spielzeug, Möbeln und Delikatessen. Im Dachgeschoss gibt es ein Café (mit hauseigener, preisgekrönter Bäckerei) mit Terrasse. Das Kaufhaus liegt direkt am zentralen Platz Dam, an dem auch der Königspalast steht (wenn der König nicht im Haus ist, kannst du den Palast übrigens besichtigen). Ursprünglich war der Königspalast mal das Rathaus Amsterdams.

Dam 1 | Tram: Dam

24. MAGNA PLAZA

Auch wenn du gar nicht shoppen willst – wirf wenigstens einen Blick hinein in dieses prächtige Shopping Center direkt hinter dem Königspalast. Es zählt zu den schönsten Gebäuden Amsterdams! Gebaut wurde es Ende des 19. Jh. – als Hauptpostamt. Heute beherbergt das imposante neogotische Gebäude auf drei Etagen rund um einen großen Lichthof edle Modeläden und Cafés. Es hat auch sonntags geöffnet.

Nieuwezijds Voorburgwal 182 | Station: Dam

25. KALVERSTRAAT

Die Einkaufsmeile Amsterdams. Hier, zwischen Dam und Muntplein, gibt's Ladenketten wie Zara, Nike und Björn Borg, aber auch originelle Boutiquen, Buchläden, Souvenirshops und Kaufhäuser. Nördlich des Dam setzt sich das Shopping-Erlebnis auf dem Nieuwendijk fort. Egal, auf welchem Shopping-Track du bist – vor allem an Wochenenden kann es hier sehr, sehr voll werden.

Kalverstraat | Metro: Rokin

In der Kalverstraat

AMSTERDAM
Grachtengürtel

Hier entfaltet sich der ganze Charme der Stadt! Plätze voller Leben und Trubel, malerische Giebel- und stattliche Herrenhäuser, kleine Cafés und hippe Kneipen, die legendären Coffeeshops, Geschäfte, Boutiquen und Galerien, jede Menge Sehenswürdigkeiten ... Egal, ob du zum Shoppen, Sightseeing oder zum Seele-Baumeln-Lassen hierher kommst – du wirst begeistert sein!

ERLEBNIS HIGHLIGHTS GRACHTENGÜRTEL

> **TULPENZWIEBELN KAUFEN**

> **ERLEBNIS COFFEESHOP**

> **SUP AUF DEM GRACHTENGÜRTEL**

> **FRÜHSTÜCK IM PLUK**

> ....

> ....

> ....

Alte Bauten, pralles Leben und Kultur – Amsterdam at its best!

Grachtengürtel

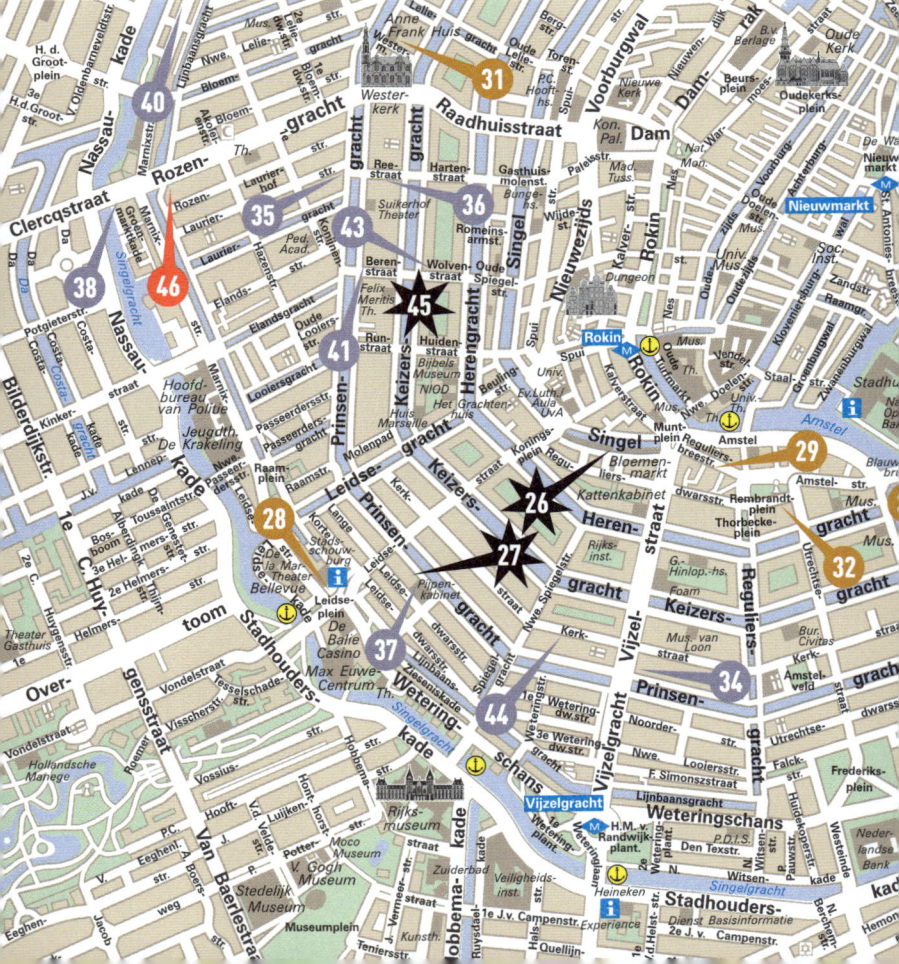

SEHENSWERTES

⭐ BLOEMENMARKT
⭐ COFFEESHOPS
28 LEIDSEPLEIN
29 TUSCHINSKI
30 SUP AUF DEM GRACHTEN-
   GÜRTEL
31 ANNE FRANK HUIS
32 REMBRANDTPLEIN
33 BRÜCKEN ÜBER BRÜCKEN

ESSEN & TRINKEN

34 VILLAGE BAGELS
35 POLABERRY
36 PLUK
37 TOAST IT
38 MOEDERS
39 DE PLANTAGE
40 WORST
41 PANCAKES
42 BROUWERIJ 'T IJ

43 LIBERTINE
44 LAVINIA GOOD FOOD

SHOPPING

⭐ DIE NEUN STRASSEN
46 IBIZA MODE

Der zweite Gang im ersten „Laden" ist besonders für tolle Bilder geeignet. Am besten fotografierst du dann von unten, damit man den schönen Blumenhimmel sieht.

SEHENSWERTES

26. BLOEMENMARKT

Sehr touristisch, aber trotzdem ein absolutes Highlight, ist der Bloemenmarkt, der wohl einzige auf dem Wasser treibende Blumenmarkt Europas. Neben allen möglichen Blumenzwiebeln findest du hier frische Schnittblumen, schöne Balkon- und Zimmerpflanzen, aber auch die typischen Holland-Souvenirs wie Holzschuhe und kleine Windmühlen. Meine Mum und ich haben uns hier auch schon für den Frühling eingedeckt – ein Tulpenfeld wollte ich nämlich schon immer mal im Garten haben! Die Preise sind zwar nicht gerade niedrig, aber die Auswahl ist einfach grandios.

Noch ein kleiner Tipp: Der erste „Laden" ist besonders schön dekoriert, mit einem Meer getrockneter Blumen an der Decke. Hier lassen sich auch geniale Instagram-Fotos knipsen!

Singel | Tram: Muntplein

BUCKET LIST
Bloemenmarkt

Du warst da?
Klebe als Andenken eine Blume oder ein Blütenblatt ein. Ein Foto
tut's aber auch.

Der wohl bekannteste Coffeshop „The Bulldog" hat viele Filialen

THE BULLDOG

ENERGY COFFEESHOP

> **TIPP**
>
> Cool und stylish geht es im MR. K AND CO. zu. Das Interieur hat trotzdem Wohnzimmerflair, dazu passen die Brettspiele, die man hier ausleihen kann.

27. COFFEESHOPS

In ganz Europa ist Amsterdam für seine einzigartige Coffeeshop-Kultur bekannt. In der Stadt findest du hunderte dieser Läden: Viele sind echte Partyschuppen mit lauter Musik und ausgelassener Stimmung (z. B. Easy Times), andere werden wie Apotheken geführt (z. B. Boerejongens). Wieder andere sind wie Cafés eingerichtet, also gemütliche kleine Läden (z. B. Dampkring), in denen man sich in entspannter Atmosphäre auf einen Kaffee und den einen oder anderen Joint oder Cookie trifft. **Regeln gibt es trotzdem: In Coffeeshops darf z. B. kein Alkohol ausgeschenkt werden, und Gästen unter 18 Jahren ist der Zutritt untersagt.**

Prinsengracht | Tram: Prinsengracht

BUCKET LIST
Coffeeshop

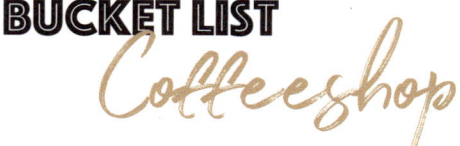

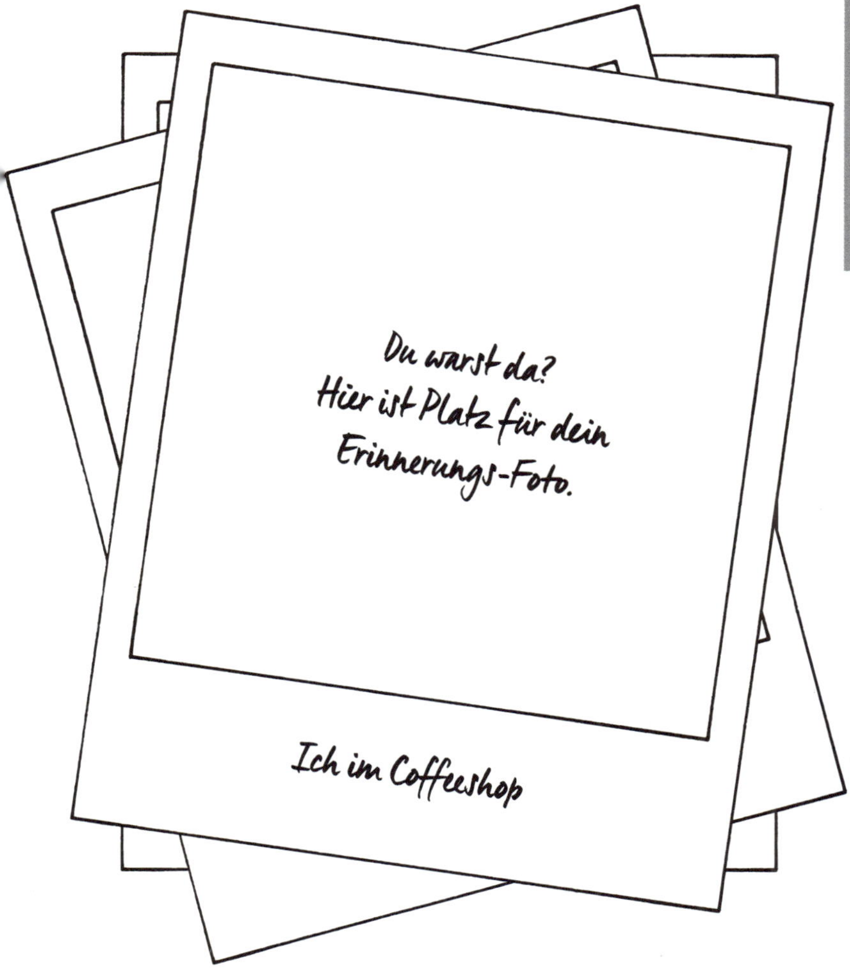
Du warst da?
Hier ist Platz für dein
Erinnerungs-Foto.
Ich im Coffeeshop

28. LEIDSEPLEIN

Ein echter Hotspot, wenn es ums Ausgehen und Feiern geht, einer der beliebtesten Treffpunkte der Stadt! Rund um den Platz und in unmittelbarer Umgebung findest du jede Menge coole Clubs, Diskotheken, Cafés, Restaurants, ein Casino und „The Bulldog", einen der bekanntesten Coffeeshops der Stadt.

Auch das altehrwürdige Theater Stadsschouwburg liegt direkt am Leidseplein. Wenn die Mannschaft von Ajax Amsterdam mal wieder einen Titel geholt hat, lassen sich die Spieler auf dem Balkon des Theaters von ihren Fans feiern.

Im Sommer wird der Platz zur Bühne für Straßenmusiker, Kleinkünstler und Artisten. Setze dich einfach in eines der netten Cafés und schaue beim „people watching" dem bunten Treiben zu – es gibt kaum etwas Besseres, um in den Tag oder ins Nachtleben zu starten.

Leidseplein | Tram: Leidseplein

Wer Trubel sucht, ist hier genau richtig!

Wenn die Königin mal Lust auf Kino hat, dann geht sie ins Tuschinski - es wirkt ja auch wie ein Schloss.

29. TUSCHINSKI

Im Pathé Tuschinski erlebst du nicht einfach nur 08/15-Kino, sondern echtes, schillerndes Filmtheater! Schon von außen ist das beeindruckende Gebäude mit seinen zwei Türmen und der imposanten Fassade im Art-Déco-Stil eine Augenweide, drinnen ist es nicht anders. Das Betreten des Foyers gleicht dem Eintritt in eine andere Welt: Die ganze Pracht der 1920er-Jahre liegt dir hier zu Füßen! **Der pompöse große Saal ist einfach nur atemberaubend – kein Wunder, dass sich hier sogar die Mitglieder des Königshauses ab und an für einen Kinobesuch unters Volk mischen.** Neben dem berühmten großen Saal gibt es noch fünf weitere kleine Kinosäle. Im Tuschinski werden die großen Premieren gefeiert und die neuesten Hollywood-Streifen gezeigt.

Die prächtige Innengestaltung des weltberühmten Filmpalasts kann man aber auch im Rahmen einer Führung besichtigen.

Reguliersbreestraat 26 | Station: Rembrandt-plein | www.pathe.nl

TIPP

Die von M&M angebotenen Night-SUP-Touren sind der absolute Hit. Einfach grandios, der Anblick der nächtlich beleuchteten Brücken und der vielen Lichter um dich herum!

30. SUP AUF DEM GRACHTENGÜRTEL

Wenn du nicht mit einem der typischen Sightseeing-Boote oder einem Tretboot auf den Grachten entlangschippern möchtest, dann leih dir doch einfach ein Stand-Up-Paddle-Board aus. Bei schönem Wetter entspannt über die Kanäle zu cruisen, ist echt ein tolles Erlebnis. Du hast noch nie auf einem solchen Board gestanden? Kein Problem! **Bei M&M Sup Amsterdam kannst du Einsteigerkurse belegen, geführte Touren buchen oder sogar Yoga auf dem Board ausprobieren.**

Zeeburgerpad 10 | Tram: Pontanusstraat

TIPP

Wenn du morgens eine Stunde vor Öffnung am Museum bist oder abends nach 18 Uhr, hast du eine gute Chance, die langen Warteschlangen zu umgehen. Es lohnt, die Tickets vorab online zu kaufen.

31. ANNE FRANK HUIS

Direkt an der Prinsengracht befindet sich das berühmte Haus, in dem sich das jüdische Mädchen Anne Frank und ihre Familie mit einigen weiteren Personen vor den Nazis versteckt hielten, bevor sie entdeckt und deportiert wurden. **Seit 1960 ist das „Achterhuis" ein Museum, das auf beeindruckende, authentische Weise eine berührende Geschichte erzählt und lebendig hält.** Persönliche Gegenstände der Untergetauchten sind hier zu sehen, u. a. das berühmte Tagebuch der Anne Frank und zwei weitere Hefte, in denen sie ihre Erlebnisse, Gedanken und sonstige private Notizen niederschrieb. Nicht nur die Räumlichkeiten dieses Original-schauplatzes, auch die ausgestellten Fotos sowie kleine Filmsequenzen und Zitate vermitteln den Besuchern in bewegender Intensität das Schicksal der Hausbewohner, von denen nur einer überlebte.

Westermarkt 20 | Tram: Westermarkt

GRACHTENGÜRTEL

Im Sommer kann man es sich auch auf der Wiese des Rembrandtplein mit einem Bier gemütlich machen!

32. REMBRANDTPLEIN

Ausgehen, Shoppen, Leute-Schauen: Neben dem Leidseplein und dem Rotlichtviertel zählt der Rembrandtplein zu den beliebtesten Treffpunkten in der niederländischen Hauptstadt. **Auch hier findest du ein großes Angebot an coolen Kneipen, Bars, Cafés und Restaurants und einige der angesagtesten Discos und Clubs der Stadt.** Benannt ist der Platz nach dem ebenso rebellischen wie genialen niederländischen Maler Rembrandt van Rijn, der ganz in der Nähe knapp zwei Jahrzehnte lang lebte. In seinem ehemaligen Wohnhaus ist heute das Rembrandt House Museum untergebracht, das weltberühmte Werke des Malers und regelmäßig wechselnde Ausstellungen anderer namhafter Künstler zeigt – für die Kunstfans unter euch ein absolutes Muss!

Rembrandtplein | Station: Rembrandtplein

TIPP

Auf einer Grachten-
fahrt erlebst du die
Stadt aus einer völlig
anderen Perspektive.
Eine tolle Gelegenheit,
um coole Fotos zu
schießen!

FOTO TIPP FOTO
TIPP FOTO TIPP

33. BRÜCKEN ÜBER BRÜCKEN

Amsterdam ist weltberühmt für seine
Grachten – und für die unzähligen
Brücken, die darüberführen. Auf der
Rangliste der brückenreichsten Städte
Europas steht die niederländische
Hauptstadt hinter Hamburg und Wien
an dritter Stelle! Bei einem Bummel
durch den Grachtengürtel wirst du
unzählige dieser romantischen Brücken überqueren. Einen Punkt solltest
du dir aber auf keinen Fall entgehen

lassen: **Die Stelle, an der sich Reguliersgracht und Herengracht kreu-
zen, bietet einen einzigartigen Blick
auf insgesamt 15 (!) Brücken. Die
schönste und meistfotografierte der
ganzen Stadt ist die Magere Brug, eine
malerische Holzbrücke, die über die
Amstel führt.** Kurz nach Sonnenauf-
gang, zur blauen Stunde oder nachts,
wenn die Magere Brug beleuchtet ist,
hat man den Eindruck, ein Gemälde
zu betrachten.

Magere Brug | Metro: Weesperplein

FOTO TIPP

Ein absoluter Insta-Spot! Kein Wunder, wenn sowohl die Fassade des Ladens als auch die kleinen Leckereien tolle Foto-Motive abgeben.

ESSEN & TRINKEN

34. VILLAGE BAGELS

In diesem kleinen Eckcafé mit einem schönen Blick auf die Prinsengracht bekommst du die köstlichsten Bagels in allen erdenklichen Geschmacksrichtungen. Ganz gleich, ob du dich für eine süße oder eine herzhafte Variante entscheidest – frisch zubereitet sind sie alle! Dazu gibt's leckeren Kaffee, heiße Schokolade, Tee, Chai Latte oder diverse Fruchtsäfte. Ein super Tipp für einen Zwischenstopp, wenn du auf deiner Sightseeing- oder Shopping-Tour durch Amsterdam eine kleine Stärkung brauchst.

Vijzelstraat 137 | Station: Vijzelgracht | www.villagebagels.nl

35. POLABERRY

Was für ein süßer Laden! Schon die Fassade ist so verlockend dekoriert, dass man einfach einen Blick hinein werfen muss. Drinnen wirst du deinen Augen nicht trauen: Hier gibt es feinste handgemachte Schokoladentafeln und Macarons sowie schokoladenüberzogene, aufwendig verzierte Früchte und Beeren, die kleinen Kunstwerken gleichen – fast zu schade zum Essen.

Der absolute Hit aber sind die Erdbeeren. Weil ich eine totale Naschkatze bin, gönne ich mir immer eine große Box davon. Es heißt ja „Balance of life" ... Und wer den ganzen Tag zu Fuß oder mit dem Fahrrad durch die Stadt unterwegs ist, darf sich auch mal etwas Süßes gönnen.

Prinsengracht 232H | Station: Westermarkt | www.polaberry.com | @polaberry

Look eingerichtet und unglaublich liebevoll dekoriert. Die hausgemachten Kuchen sind der Wahnsinn, darüber hinaus gibt es leckere Sandwiches, belegte Brötchen und herzhafte Kleinigkeiten zum Lunch. Außerdem kannst du hier wunderschöne Deko-Artikel kaufen: Kerzen, Geschirr, Servietten und vieles mehr. Es ist üblich, zuerst zu bestellen und zu bezahlen – die Bestellung bekommst du dann an den Tisch gebracht. Zwei Filialen.

Reestraat 19 | Station: Westermarkt | www.pluk-amsterdam.com | @plukamsterdam

36. PLUK

Wenn ich in Amsterdam gemütlich frühstücken möchte, dann ist das Pluk meine erste Wahl. In diesem netten kleinen Frühstückscafé fühlt man sich gleich super wohl, es ist im Scandi-

Schlemmen im Pluk ...

... und im Toast it.

Tag zu starten. Die Milchshakes sind der absolute Hit. Wenn du dich nicht entscheiden kannst, nimm meinen Favoriten, den Vanilla Milkshake! #mymilkshakebringsalltheboystothe yard

Leidsekruisstraat 10 | Tram: Prinsengracht | www.toastit.nl | @toastitamsterdam

37. TOAST IT

Lust auf ein Café mit dem typisch amerikanischen Vibe der 1950er-Jahre? Dann bist du bei Toast it genau richtig! Dort gibt es Pancakes, Dutch Toast, Burger und diverse Kaffeespezialitäten. Eine perfekte Adresse, um mit einem guten American-Style-Frühstück in den

38. MOEDERS

Hier schmeckt's wie bei Mama! Und dass dies das alles übergreifende Motto ist, erkennst du nicht erst beim Blick auf die Speisekarte, sondern schon beim Betreten des skurrilen, aber urgemütlichen Lokals. Die Einrichtung ist im Retro-Look gestaltet und die Wände sind über und über dekoriert mit liebevoll gerahmten Fotografien von Müttern jeden Alters. Serviert wird beste traditionelle holländische Küche, von Suppen und Eintöpfen über deftige Hauptgerichte bis hin zu klassischen Desserts. Hier fühlst du dich wirklich wie zuhause bei Mama!

Rozengracht 251 | Station: Marnixstraat | www.moeders.com | @restaurantmoeders

39. DE PLANTAGE

Kannst du dir vorstellen, mitten in Amsterdam in historischen Gemäuern mit Blick auf echte Flamingos ein köstliches Frühstück oder ein stilvolles Abendessen zu genießen? Einen solchen Ort gibt es tatsächlich: Es ist die Orangerie des Amsterdamer Zoos, ein wunderschöner Ziegelbau, der seit 2014 als Restaurant mit vorwiegend mediterraner Küche genutzt wird.

Edle Holzböden, riesige Bogenfenster, Marmortische und ein gigantischer Ficus sorgen für eine einzigartige Atmosphäre. Im Sommer kann man auch draußen sitzen und den pinkfarbenen Nachbarn „Hallo" sagen.

Plantage Kerklaan 36 | Station: Artis | www. caferestaurantdeplantage.nl | @deplantage

40. WORST

Keine Sorge, der Name hat nichts mit der englischen Vokabel zu tun – „Worst" ist das niederländische Wort für „Wurst"! Und genau das gibt es hier in allen erdenklichen Varianten: In dieser gemütlichen, kultigen Vinothek trifft man sich, um köstliche hausgemachte Wurstspezialitäten und ausgewählte Weine zu genießen. Entspannte Atmosphäre, nette Leute, gutes Essen und edle Tropfen – was will man mehr?

Barentszstraat 171 | Bus: Barentsz-plein | www.deworst.nl | @worst_wijncafe

41. PANCAKES!

Das Restaurant in der Berenstraat erkennst du schon von Weitem an der hübschen, blau-weiß gestreiften Markise und dem blau-weißen Schild mit einem Pfannkuchenbäcker drauf. Das Lokal ist winzig, die Auswahl dafür riesengroß! Die Pfannkuchen, die es hier gibt, genießen den Ruf, die besten der ganzen Stadt zu sein. Ob das stimmt? Überzeuge dich selbst! Du bekommst süße und salzige, dicke und dünne, typisch holländische, französische, amerikanische … Lecker sind sie alle – du musst dich nur entscheiden! Tipp: Die Filiale in der Berenstraat ist nicht die einzige. Es gibt gleich mehrere in der Stadt.

Berenstraat 38 | Station: Westermarkt | www. pancakes.amsterdam | @pancakesamsterdam

Anstehen vor dem Pancakes!

GRACHTENGÜRTEL

42. BROUWERIJ 'T IJ

Mitten in der Stadt steht die Moolen de Gooyer, eine ehemalige Mehlmühle und die höchste Holz-Windmühle des Landes. Gleich daneben befindet sich die bekannteste Brauerei Amsterdams mit einem wunderschönen Biergarten und unglaublich leckeren, hausgebrauten Biersorten. Wenn du nicht sicher bist, für welches Bier du dich entscheiden sollst, dann bestell dir einfach ein Proefbord, das ist ein Holzbrett mit fünf kleinen Probiergläsern, in die du dir fünf verschiedene Sorten abfüllen lassen kannst. Am Wochenende gibt es übrigens Führungen durch die Brauerei, auf Deutsch und auf Niederländisch.

Funenkade 7 | Tram: Pontanusstraat | www.brouwerijhetij.nl | @brouwerijtij

Vielfalt in der
Brouwerij 't IJ

43. LIBERTINE

Das Libertine Cafe Cafe (kein Schreibfehler!) fällt mit seinem coolen urbanen Interior-Design, einer gelungenen Mischung aus echtem Marmor, dunklen Wänden und hellem Holz, ins Auge. Hier sitzt du ungezwungen mit einheimischen Stammgästen und Touristen aus aller Welt an kleinen Bistrotischen zusammen und kannst dich durch die vielen originell zubereiteten Kleinigkeiten futtern, die im Tapas-Style serviert werden. Eine ideale Location zum Brunchen und Freunde treffen. Weitere Filiale.

Wolvenstraat 22 | Tram: Spui | www.libertine cafe.amsterdam | @libertine.amsterdam

44. LAVINIA GOOD FOOD

In diesem kleinen Lokal mit Backsteinwänden, Vintage-Möbeln, ausgewählten Deko-Elementen und vielen Grünpflanzen stimmt einfach alles: Der Service ist herzlich, das Frühstück, der Kuchen und die vegetarischen bzw. veganen Gerichte sind ein Traum, die Räumlichkeiten sind hell und freundlich, und die ganze Atmosphäre vermittelt einfach nur pure Behaglichkeit. Bananenpfannkuchen, Smoothie Bowl mit Kokosjoghurt und Quinoa Brei werden hübsch und fotogen serviert!

Bei schönem Wetter kann man auch gemütlich draußen sitzen. Ein wunderbarer Ort, um sich fallenzulassen, stundenlang zu plaudern und die entspannte Stimmung zu genießen. Toll, dass es gleich zwei Filialen in Amsterdam gibt! Nummer zwei liegt ein ordentliches Stück weiter südwestlich im Amstelveenseweg 192 – dort gibt's auch eine super fotogene Dschungelwand.

Kerkstraat 176 | Tram: Spiegelgracht | www.laviniagoodfood.nl | @laviniagoodfood

GRACHTENGÜRTEL

Hier lassen sich tolle Festival-Outfits shoppen oder ein bisschen Boho-Deko für zuhause!

SHOPPING

45. DIE NEUN STRASSEN

Wenn dich das Shopping-Fieber packt, bist du im Amsterdamer Grachtengürtel genau richtig! Abseits der großen Kaufhausketten findest du vor allem im beliebten Viertel der 9 Straatjes (Neun Straßen) zwischen Westermarkt und Leidsegracht viele kleine, individuelle Boutiquen, originelle Pop-Up-Stores, Second-Hand-Shops, Platten-, Schmuck-, Schuh- und Taschenläden, Kunstgalerien, Cafés und vieles mehr. Auch einige junge Labels haben hier ihre Stores. Du solltest auf jeden Fall ordentlich Zeit einplanen, wenn du in den 9 Straatjes unterwegs bist, denn das Shopping-Angebot ist einfach riesig!

Wolvenstraat 10 | Station: Westermarkt

46. IBIZA MODE

Beim Betreten des riesigen Ibiza Fashion & Living Store an der Rozengracht stellt sich gleich Urlaubsfeeling ein: Ibiza-Mode und mediterraner Lifestyle wohin man schaut. Die coolen Fashion-Items, die du hier bekommst, sind die perfekten Begleiter für Festivals oder für deinen nächsten Strandurlaub – Blusen, Kleider, Shirts und Hosen, Taschen, Tücher und Bikinis in den buntesten Farben verströmen selbst an trüben Tagen einfach nur gute Laune. Und mit den vielen tollen Wohnaccessoires im Boho-Style (Möbel, Kissen, Spiegel, Körbe…) kannst du dir Ibiza nach Hause holen.

Rozengracht 231 |Station: Marnixstraat

BUCKET LIST
De negen Straatjes

Bist du unserem Rat gefolgt und warst auf
Shoppingtour in De negen Straatjes? Klebe zum Beweis etwas ein
(das schönste Etikett, die Quittung vom besten Deal –
klar, ein Foto tut's auch :)

AMSTERDAM
Jordaan & Norden

Das Jordaan, einst ärmliches, beeng-
tes Arbeiterviertel, ist heute bei jungen
Familien, Künstlern und Gästen total
angesagt. Einen echten Kontrast zu den
Grachten und hübschen Häusern hier
bietet Amsterdam Noord mit seinen (ehemaligen) Docks, Fabriken und Werften,
in denen kulturelle Hotspots und viele
andere spannende, oft alternativ ange-
hauchte Locations entstanden sind.

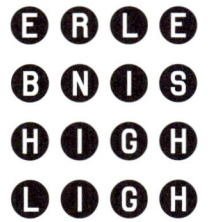

ERLEBNIS HIGHLIGHTS JORDAAN & NORDEN

> **HOFJES ENTDECKEN**

> **SCHAUKELN ÜBER DER CITY**

> **APPELTAART MIT SLAGROOM**

> **BOHO SHOPPEN IM SUKHA**

> ....

> ....

> ....

*Idylle, Nervenkitzel
Kultur und
Chillen – hier ist
das alles drin!*

Jordaan & Norden

SEHENSWERTES

47 JORDAAN
48 A'DAM LOOKOUT
49 BRÜCKE ZUM A'DAM LOOKOUT
50 NDSM

PARKS

51 OEVERPARK
52 WESTERPARK

ESSEN & TRINKEN

53 STORK
54 WINKEL 43
55 NOL
56 PONT 13
57 REM EILAND
58 CAFÉ DE CEUVEL
59 CAFÉ DE PONT

SHOPPING

60 IJ HALLEN
61 PAPABUBBLE
62 NOORDERMARKT
63 SUKHA

NDSM
IJ Hallen
Klaprozen-
50
60
weg
Papaver-
Klaprozen-
weg
Huurweg
Distel-
Ridderspoor
weg
weg
Distel-
58
weg
str.
Johan
van
Kamper-
foelieweg
Flora
Park
Vole-
wijks-
park

Westerdoksdijk

51
Oeverpark
49
Kanonnekade
EYE Filmmuseum
A'DAM
IJ-TUNNEL
iemenstr.

61
HET
48
i
Sixhaven-
weg
mer Hout tuinen
i
63
Ruijter-
59
53
gracht
Prins
kade
IJ
gracht
Hendrik-
i
M
De
Ruijterkade
Piet
IJhaven
gracht
Singel
wal
rak
kade
Heinkade
Heren-
Voorburg-
Prins
P.C.
Hooft-
hs.
Dam-
NEMO
Science Museum
Hendrik-
IJ-TUNNEL
Scheepvaart-
museum
Kattenburgerstraat
straat
Oude Kerk
Dam
Mad. Tuss.
Kalver-
Rokin
kade
Oostenburger-
gracht
nge-
hs.
Univ.
Mus.
Soc.
Inst.
M
Nieuwezijds
Dungeon
straat

SEHENSWERTES

47. JORDAAN

Hier entdeckst du das wahre Amsterdam von seiner schönsten Seite! Du flanierst entlang der Grachten und über kleine Brückchen und stößt dabei auf originelle Boutiquen, kleine Kunstgalerien, Design-Ateliers und natürlich jede Menge tolle Läden. Beginne den Tag doch mit einem Frühstück in einem der vielen Cafés, am besten am Fenster, von wo aus du super Leute beobachten kannst. Zur Kulisse gehören natürlich auch die traditionellen Giebelhäuser und die hübsche Hausboote, die in den Grachten vertäut liegen – vielleicht die schönsten in Amsterdam. Also: An coolen Foto-Spots mangelt es im Jordaan wirklich nicht.

Ein weiteres Highlight des Viertels sind die Hofjes, kleine Paradiese in den Hinterhöfen der Grachtenhäuser. Man muss allerdings schon ein bisschen danach suchen, sonst schlendert man an den versteckten Kleinoden vorbei.

Das älteste Hofje ist das Sint Andrieshofje in der Egelantiersgracht 105,

JORDAAN / NORDEN

hübsch ist auch der Karthuizer-hof in der Karthuizerstraat 157. Gleich um die Ecke steht die prächtige Westerkerk – das Wahrzeichen der Stadt! Zum Sonnenuntergang wird es wunderschön angeleuchtet und ist nicht nur dann ein beliebtes Foto-Motiv. Auch Anne Frank beschrieb es in ihren Tagebüchern und erzählte vom wohligen Klang der Westertoren-Glocken.

Rozengracht | Station: Westermarkt

Auf dem Westertoren, dem berühmten Turm der Westerkerk, kannst du den einzigartigen Ausblick über die Stadt genießen!

FOTO TIPP FOTO TIPP FOTO TIPP FOTO TIPP

Für das perfekte Schaukel-Foto gibt es extra eine kleine Plattform links daneben, wo sich dein Fotograf positionieren kann. Tipp: Am besten machst du Serienfotos (also den Auslöser gedrückt halten), damit du den perfekten Moment erwischst.

48. A'DAM LOOKOUT

Eine Prise Nervenkitzel? Auf zum Aussichtsdeck A'DAM LOOKOUT! Dort befindet sich „Over the Edge": Europas höchste Schaukel. Sie steht ganz am Rand auf dem Dach des A'DAM-Turms. So kannst du in einer Höhe von 100 Metern über Amsterdam deine Füße frei baumeln lassen. Wow! Für mich war das ein echt krasses Gefühl! Zugleich eröffnet sich auf dem „Sky Deck" ein einzigartiger Ausblick über Amsterdam – hier kannst du dich spektakulär über der Stadt fotografieren lassen. Das ist aber noch nicht alles: Halte dein Handy bereit, wenn du den Aufzug zum „Sky Deck" besteigst. **Dort erwartet dich nämlich eine kurze, aber sehr beeindruckende Licht- und Soundeffekt-Show.** Tief unten im Keller des Turms trifft sich am Wochenende das Partyvolk im Club „Shelter". Zum Turm kommst du einfach und obendrein gratis per Fähre vom Bahnhof aus.

Overhoeksplein 5 | Bus: Buiksloste-wegveer

BUCKET LIST
A'dam Lookout

Du warst da?
Hier ist Platz für dein
Erinnerungs-Foto.

Ich über der Stadt

49. BRÜCKE ZUM A'DAM LOOKOUT

Auf dem Weg zum A'DAM LOOKOUT wirst du auf eine Brücke mit Ringen stoßen, die alle supersüß mit Wolle umstrickt sind. **Nicht einfach weiterlaufen! Nutze diesen Spot für ein paar Bilder, so wie ich!** Das ist wirklich ein mega-schönes Beispiel für Guerilla Knitting (oder Urban Knitting, wie manche es nennen). Ursprünglich kommt diese Mode übrigens aus den USA: 2005 umstrickte Magda Sayeg die Türklinke ihres Ladens und erntete begeisterte Reaktionen. Seitdem haben Strick- und Häkelfans in aller Welt Laternenmasten, Statuen und eben auch Brücken umstrickt, u. a. um mehr Farbe in den öffentlichen Raum zu bringen und für mehr Wertschätzung handgearbeiteter Stücke zu kämpfen.

Tolhuisweg 1 | Bus: Buiksloterwegveer

Relaxen am Fluss

JORDAAN / NORDEN

TIPP

Das angesagte Restaurant Pllek residiert in alten Schiffscontainern. Der Focus liegt auf Gemüsegerichten sowie nachhaltigem Fisch und Fleisch – reservieren!!

50. NDSM

Im Amsterdamer Norden, direkt am Fluss IJ, ist auf dem Gelände der ehemaligen NDSM-Werft eine sensationelle Kunststadt entstanden. In einer der riesigen Schiffsbauhallen haben gut 250 Kreative ihre Ateliers eingerichtet und produzieren heute die gesamte Palette der modernen Kunst: Gemälde, Schmuck, riesige Graffiti, Designobjekte, Film und Multimedia, Theater, Dance und vieles mehr. Bei vielen Aktionen und Performances ist Mitmachen erwünscht. Genug von der Kunst? In den zahlreichen Bars und Restaurants kannst du entspannen – z.B. im Noorderlicht Café. **Doch lieber ein Adrenalinkick? In einem alten Schiffskran liegen die (fast unbezahlbaren) Suiten des Crane Hotels Faralda. Oben auf dem Kran bietet Bungee Amsterdam sensationelle Sprünge an.** Ein Event der Superlative ist der größte Flohmarkt Europas, der hier regelmäßig stattfindet. Für das riesige Werftgelände gibt es Pläne zur Stadtentwicklung mit 2100 neuen Wohnungen in allen Größen. Hier ist also immer was los!

NDSM-Plein 28 | Bus: Klaprozenweg

LOW $ BUDGET

Wenn du die kostenlose Fähre vom Hauptbahnhof aus in den Amsterdamer Norden nimmst, hast du unterwegs eine ganz neue Sicht auf die Stadt – völlig umsonst und ein tolles Erlebnis!

PARKS

51. OEVERPARK

Der moderne Park im Amsterdamer Norden hat eine superlange Uferpromenade entlang des Flusses IJ. Hier geht es im Gegensatz zur bevölkerten City echt ruhig zu. Stundenlang kannst du im Grünen sitzen und den großen und kleinen vorbeifahrenden Schiffen zugucken – das lieben übrigens auch die Einheimischen. Die weiten Rasenflächen bieten sich super für ein Picknick mit Freunden an. Architekturfans blicken vom Park aus auf das EYE-Filmmuseum mit seiner einzigartigen Silhouette. Die einen erinnert es an eine hockende Kröte, die anderen sehen darin ein Raumschiff oder eine Luxusjacht. Und du? Natürlich lohnt auch eine Besichtigung des Museums, genauso wie eine Kinovorstellung.

IJpromenade | Fähre: Veer Buiksloterweg; Bus: Buikslosterwegveer

52. WESTERPARK

Im Stadtviertel Westerpark findet man eine wilde Mischung aus Grün, Kreativ und Nachtaktiv! Im großen Park geht es auch an den Wochenenden relativ geruhsam zu. Hier gibt es alte Bäume und große Rasenflächen für gemütliche Picknicks und entspannte Stunden, allein oder mit Freunden. Die große Grünfläche gab auch dem ganzen Stadtviertel, in dem viele Kreative leben und arbeiten, seinen Namen.

Der kulturelle Hotspot des Viertels aber ist die ehemalige Gasfabrik im Stil der holländischen Neorenaissance. Hier steigen unzählige Live-Acts und Performances, Musikfestivals, Film-vorführungen, Kunstmessen und Märkte. Die großen Veranstaltungen finden im riesigen Gaskessel statt, in den über 3000 Leute passen; auch Fernsehstudios sind in der Fabrik untergebracht.

Tolles Frühstück, feine Suppen, Quiches und Sandwiches gibt's im De Bakkerswinkel in der Fabrik, eine super Adresse. Leckere Biere und Burger serviert die Amsterdamer Brauerei Troost. Auf dem Gelände finden sich auch diverse unabhängige Läden und ein Tanzklub.

Westerpark | Bus: Nassauplein

FOTO TIPP FOTO TIPP FOTO TIPP FOTO TIPP FOTO

Der Westerpark erstrahlt in Rosa, wenn im Frühling die Kirschbäume blühen, und wird zum beliebten Foto-Spot.

JORDAAN / NORDEN

Den besten Apfelkuchen der Welt gibt es (neben dem von meiner Oma) im Winkel 43. Noch warm!

ESSEN & TRINKEN

53. STORK

Dieses Café-Restaurant in einer ehemaligen Fabrik am nördlichen Ufer des Flusses IJ hat sich wirklich einen Namen gemacht. Hier kommen sensationelle Fisch- und Meeresfrüchte-Gerichte auf den Tisch und lassen keine Wünsche offen. Ein Klassiker hier ist die Meeresfrüchteplatte für zwei Personen mit Austern, Shrimps, Herzmuscheln, Krabben... Bei der Luxusvariante ist selbstverständlich zudem Hummer dabei. Auch verschiedene Austernsorten lassen sich hier genießen, genauso wie Fish&Chips und Fischburger. Wer zwar kein Fisch-freund ist, aber dennoch die einzigartige Atmosphäre in der großen, lichten Halle genießen möchte, bekommt auch vegetarische und Fleischgerichte.

Gedempt Hamerkanaal 201 | Bus: Havikslaan | www.restaurantstork.nl | @restaurantstork

54. WINKEL 43

Noch ein Stück, bitte! Die *appeltaart* mit *slagroom* im Winkel 43 zieht ganz Amsterdam in den Jordaan – auch wenn sich manchmal ganz schön lange Schlangen bilden können und es samstags der Hauptgewinn ist, einen Platz zu bekommen. Unzählige Stücke des berühmten warmen Apfelkuchens gehen so jeden Tag über die Selfservice-Theke, es gibt aber auch Sand-

BUCKET LIST

Winkel 43

Du hast den Apfelkuchen im Winkel 43 probiert?
Dann versuch doch mal das geheime Apfelkuchen-
rezept zu erschmecken!

Lange Tische
im Pont 13

wiches und Omelettes für den kleinen Hunger zwischendurch – ein tolles Café in einem wunderschönen Eckhaus in bester Lage. An schönen Tagen sitzt du draußen und blickst auf das bunte Treiben auf dem Markt.

Noordermarkt 43| Station: Marnixplein | www.winkel43.nl | @winkel43_applepie

55. CAFÉ NOL

In dieser Jordaan-Bar mit gemütlichen Blumentapeten und funkelnden Kristalllüstern steigt nachts die Party. Wenn holländische Schlager laufen,

schmettert die Stammkundschaft ordentlich mit. Hier kannst du Einheimische treffen und auch mal auf den Tischen tanzen.

Westerstraat 109 | Station: Marnixplein | www.cafenol.amsterdam | @cafenolamsterdam

56. PONT 13

Etwas abgelegen im alten Holzhafen liegt eine ehemalige IJ-Fähre, die heute ein richtig tolles Restaurant ist. Auf der Lunchkarte stehen beispielsweise „Kapiteins Lunch" oder „Matrozen Kost". Zudem gibt's Suppen und Salate, Burger, Fischgerichte und zum Dinner auch Rindersteaks– so bleiben keine Wünsche offen. Auch die Desserts lassen sich sehen.

Haparandadam 50 | Bus: Spaarndammerstraat | www.pont13.nl | @pont_13

57. REM EILAND

Sensationelle Location: In den 1960er-Jahren stand dieses turmähnliche Gebilde, das ein bisschen an eine Ölplattform erinnert, in der Nordsee. Von dort wurde ein Piratensender betrieben, der irgendwann verboten wurde. 2011 versetzte man das kuriose Teil in den alten Holzhafen und dachte sich eine neue Bestimmung aus. Heute findest du hier eine sensationelle Bar und ein Restaurant – natürlich mit phänomenaler Aussicht über den Hafen, die City und den IJ. Serviert werden neu-holländische und mediterrane Gerichte. In der Bar ganz oben auf dem Dach lässt es sich bei einem Cocktail oder Bier super den Sonnenuntergang genießen oder feiern.

Im alten Holzhafen:
REM Eiland

Haparandadam 45 | Bus: Spaarndammerstraat |
www.remeiland.com | @remeilandrestaurant

58. CAFÉ DE CEUVEL

Ein super nachhaltiges Projekt, das
diverse Architekturpreise eingeheimst
hat: Auf einem ehemaligen Werftgelände liegen einige Hausboote auf
dem Trockenen, in denen Kreative ihre
Arbeitsräume eingerichtet haben. Das
Café wurde vollständig aus gebrauch-
ten Materialien gebaut – die Terrasse
ist einfach grandios! Zu essen gibt's
hier verführerische Gerichte, dazu
lokal gebrautes Bier sowie viele leckere
Drinks. Genial sind auch die verschiedenen Events, von Meditations- und
Dance-Workshops zu Musik-Acts und
vielem mehr – insgesamt ein Hotspot
der jungen alternativen Szene.

Korte Papaverweg 4 | Bus: Mosplein |
www.deceuvel.nl | @cafe_de_ceuvel

59. CAFÉ DE PONT

An schönen Tagen kannst du dich hier
von morgens bis zum späten Nach-
mittag auf den beiden Terrassen von
der Sonne bescheinen lassen und aufs
Wasser schauen. Direkt neben dem
Café legt die IJ-Fähre an, sodass es
immer was zu schauen gibt. Serviert
werden Kaffee und leckeres Frühstück, Lunch, Dinner und Snacks, die
Zutaten kommen vorwiegend aus bio-
logischem Anbau, und die Auswahl ist
wirklich groß. Auch drinnen sitzt man
sehr gemütlich und schaut durch die
großen Fenster auf den Fluss.

Buiksloterweg 3-5 | Bus: Buiksloterwegveer |
www.cafedepont.nl | @cafedepont

SHOPPING

60. IJ HALLEN: FLOHMARKT

Ein attraktives Pilgerziel für Floh-
marktfans ist die ehemalige NDSM-
Werft im Norden: Jeden Monat steigt
hier an einem Wochenende (Sa./So.,
Termine online) der größte Trödel-
markt Europas. Mehrere hundert
Stände bieten hier ein gigantisches
Angebot an Klamotten, Schuhen aller
Art, Taschen, Hüten, aber auch Möbeln
und Hausrat von einst und heute und
allem, was man sonst noch so braucht.
Der Eintritt kostet 5 Euro. Stärkungen
für Erschöpfte bieten die zahlreichen
Snackbuden. Im Sommer findet der

Markt outdoor auf dem Werftgelände
statt, im Winter in den IJ-Hallen.

T.T. Neveritaweg 15 | Bus: Klaprozenweg

61. PAPABUBBLE

Bist du auch so eine Naschkatze wie
ich? Dann ist Papabubble genau das
Richtige! Hier werden Bonbons von
Hand und mit viel Liebe gefertigt,
wobei man zuschauen und auch probieren darf. Du siehst, wie die heiße
Zuckermasse auf die Platten gegossen
und über den Zuckerhaken gezogen
wird und wie aus den verschiedenen
Massen die coolen Muster der Bonbons entstehen – eine hohe Kunst! Ein
Besuch lohnt sich also definitiv. Hier
kannst du deine eigenen Bonbons mit
individuellem Muster herstellen lassen, allerdings müsstest du dann sechs
Kilo davon kaufen. Wäre doch als Mitbringsel eine süße Idee, oder?

Haarlemmerdijk 70 | Bus: Buiten Oranjestraat

62. NOORDERMARKT

Die besten Tage, um die Gegend um
den Noordermarkt zu erkunden, sind
Montag und Samstag. Denn an diesen Tagen findet um die Noorderkerk
herum eine Mischung aus Floh- und
Antiquitätenmarkt sowie Öko- und
Bio-Markt statt. An den Ständen des
Bio-Bauernmarkts duftet es nach
frisch gebackenem Brot, locken herr-
liches Obst und Gemüse und wunder-
bare Blumen. Im Sommer unbedingt
eine Schale Erdbeeren kaufen! Wer
es lieber deftig mag, holt sich einen
Hering am Stand. Wer gern an Second-

Hier lässt sich das eine oder andere Schnäppchen machen!

LOW $ BUDGET

hand- und Trödelständen stöbert, findet hier Taschen, Schals, Schmuck, bunt bedruckte Stoffe und vieles mehr zum Schnäppchen-Preis. Du brauchst eine Pause? Gönn dir einen frischen Apfelkuchen, beispielsweise vom Café Winkel 43 (siehe Nr. 54). Rings um den Markt gibt es nette Cafés, hübsche Terrassen und eine Reihe empfehlenswerter Restaurants.

Noordermarkt | Station: Marnixplein

63. SUKHA

„Lebensfreude", das bedeutet Sukha auf Sanskrit. Der gleichnamige Flag-

shipstore zählt wohl zu den schönsten und coolsten Läden in Amsterdam. Ganz in weiß und aus Holz werden aus Naturmaterialien wie Wolle, Leinen und Baumwolle in Indien und Nepal die Kleidungs- und Einrichtungsstücke hergestellt. Das cleane Boho-Design und die hohe Qualität der handgefertigten Stücke überzeugen, sodass die Teile dir lange Freude bereiten werden. Der Anspruch von Atelier Sukha ist es, die Arbeiter fair und verlässlich zu entlohnen und nachhaltig zu produzieren. Die Sukha Foundation unterstützt zudem benachteiligte Kinder in Nepal.

Haarlemmerstraat 110 | Bus: Buiten Brouwersstraat

RINEKE DIJKSTRA:
NIGHT WATCHING

AMSTERDAM

Museumsviertel & Westen

Am Museumplein ist die ganz große Kultur zu Hause, südwestlich schließt das exklusive Viertel Oud Zuid an, mit Herrenhäusern, schicken Shops und behaglichen Cafés. Nördlich davon trifft sich im Sommer ganz Amsterdam im Vondelpark, von dort ist es nur ein Katzensprung zum Rembrandtpark, dem linken Flügel der grünen Lunge Amsterdams. Insgesamt: ein toller Mix!

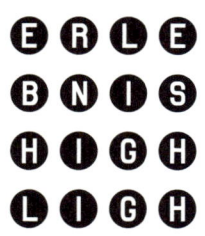

ERLEBNIS HIGHLIGHTS

MUSEUMSVIERTEL WESTEN

> **SCHLEMMEN IN DEN FOODHALLEN**

> **ESCAPE GAME IM RIJKSMUSEUM**

> **BUNTE BURGER ESSEN**

> **PRIVATKAFFEE BEI AMSTERDAMERN**

> ....

> ....

> ....

Weltberühmte Kulturtempel, ein edles Viertel, ein Hotspot der Kreativszene ...

Museums-viertel & Westen

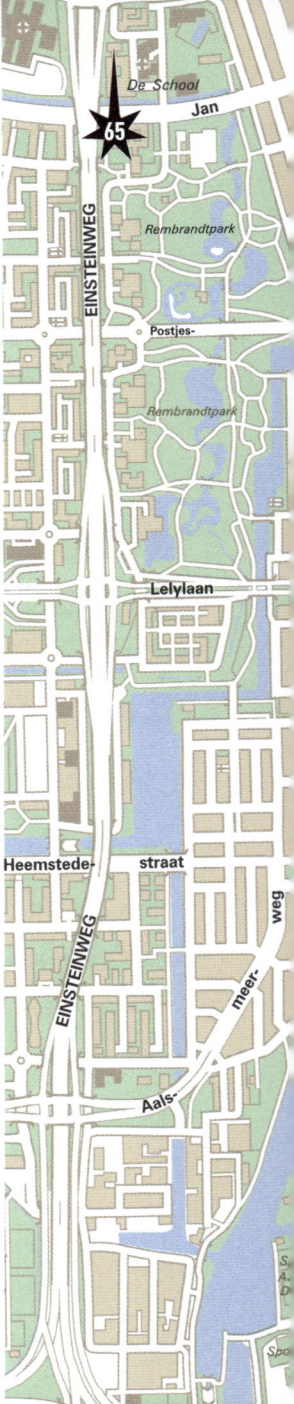

SEHENSWERTES

64 FOODHALLEN
65 DE SCHOOL
66 MOCO MUSEUM
67 BANKJESCOLLECTIEF
68 ZEVENLANDENHUIZEN
69 RIJKSMUSEUM
70 ATLAS FISCALISTEN

PARKS

VONDELPARK

ESSEN & TRINKEN

72 CORNER BAKERY
73 MAMA KELLY
74 HAPPYHAPPYJOYJOY
75 BLAUW
76 THE SEAFOOD BAR
77 STICKY FINGERS
78 DE PIZZABAKKERS
79 KATTENCAFÉ KOPJES

SHOPPING

80 MARQT
81 SISSY BOY

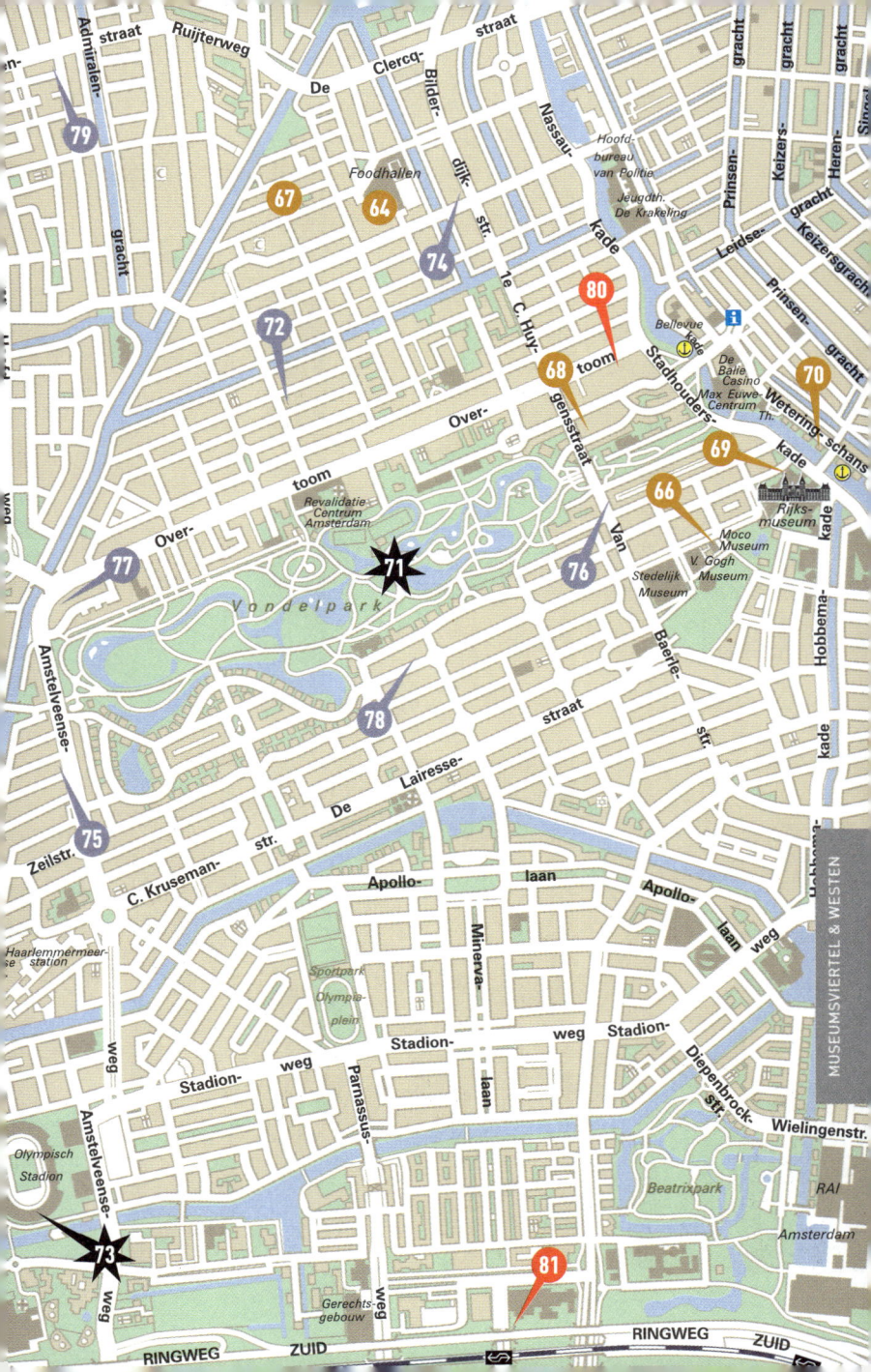

SEHENSWERTES

64. FOODHALLEN

Wohl nirgends kannst du Amsterdams globale kulinarische Kultur besser erleben als in diesem ehemaligen Tram-Depot. Wo einst die Straßenbahnen gewartet wurden, wird heute geschlemmt: An 21 Ständen konkurrieren die Streetfood-Küchen der Welt um deine Gunst – von Tacos über Pasta bis Sushi. Wer im Sommer lieber in die Sonne möchte, sucht sich einen Platz auf der Terrasse. Selbst wenn du mit einer größeren Gruppe unterwegs bist, sind die Foodhallen

FOTO TIPP FOTO TIPP FOTO TIPP FOTO TIPP FOTO

Mit ihrem coolen Industrie-Charme sind die Foodhallen eine tolle Foto-Kulisse, drinnen wie draußen!

genau das Richtige, denn hier findet garantiert jeder etwas. **Freitags und samstags sorgen abends die Küchen für Bites und DJs für Beats, oft spielen auch Bands auf einer Bühne.**

Bellamyplein 51 | Station: Ten Katestraat | www.foodhallen.nl

Lecker Pausenbrot

65. DE SCHOOL

Club, Restaurant, Café, Ateliers, Fit-
ness-Center – diese Anlage auf dem
Gelände einer ehemaligen Fachhoch-
schule aus den 1960er-Jahren hat
eine 24-Stunden-Lizenz, potenziell
ist also rund um die Uhr Programm.
**Im Club legen lokale DJs für bis zu
500 Gäste auf, es gibt aber auch einen
Konzertsaal und Ausstellungsräume
für Kunst.** Im Café DS, dem Herzen
der Anlage, werden Pausenbrote z. B.

mit Kürbis-Hummus sowie Suppen,
Salate usw. serviert. Du brauchst mal
eine Pause? Direkt nebenan erwartet
dich der Rembrandtpark mit seinen
ausladenden Grünflächen zum Entspannen.

> **TIPP**
> Im schicken Restau-
> rant DS kannst du
> dir abends in coolem
> Ambiente und bei
> Kerzenschein ein
> Menu wahlweise mit
> 3, 5 oder 7 Gängen
> gönnen. Unbedingt
> reservieren!

BUCKET LIST
De School

Du warst da?
Hier ist Platz für dein
Erinnerungs-Foto.

Ich in De School

Ein toller Foto-Spot ist die unscheinbare türkisfarbene Treppe, die zu Shop und Außenbereich führt. Wenn man von unten nach oben fotografiert, ergibt sich die schöne Perspektive!

Doctor Jan van Breemenstraat 1 | Station: Adm. Helfrichstraat

66. MOCO MUSEUM

Auch wenn ich mich persönlich nicht ganz so viel mit Gemälden oder Skulpturen befasse, finde ich das Moco Museum am Museumplein super interessant – es ist also auf jeden Fall ein Must-do! Das Ausstellungsgebäude, die große und charmante Villa Alsberg, lässt von außen zwar eher ans 19. Jh. denken, drinnen gibt's aber coole Spitzenwerke moderner Kunstrichtungen wie Street Art und Pop Art zu sehen, z. B. Arbeiten von Kunst-Superstars wie Andy Warhol, Jeff Koons, Keith Haring und dem geheimnisvollen Banksy. **Das Gebäude und die vielen Kunstinstallationen, z. B. das rosa Palmenbett, machen das Moco Museum zu einem tollen Foto-Spot!** Buche dein Ticket online und spare bis zu 20 Prozent!

Honthorststraat 20 | Tram: Van Baerlestraat

67. BANKJESCOLLECTIEF

Das größte Open-Air-Café der Welt! Wenn du an einem sonnigen Tag durch den Grachtenring spazierst, werden dir die privaten Bänkchen auffallen, die vor vielen Häusern auf dem Gehweg stehen und auf denen die Hausbe- sitzer gern mit einem Getränk in der Hand in der Sonne sitzen. Aus dieser Gewohnheit hat das Bankjescollectief ein Event gemacht: Regelmäßig finden sogenannte Bänkchentage statt, und die Gehwege werden zu Treffpunkten. **Dann darfst du dich nämlich einfach dazusetzen und – je nach Saison – z. B. einen warmen Kakao, Kaffee oder ein Glas Wein mit den Hausbewohnern trinken.** Dass man beim Abschied einen kleinen Obolus dalässt, versteht sich von selbst.

www.bankjescollectief.nl

LOW $ BUDGET

Eine tolle Möglichkeit, um echte Locals kennenzulernen!

Das beliebte spanische Haus ist in echt nicht so rosa wie es oft auf Instagram scheint. Wer diesen Look trotzdem möchte, sollte sein Foto farblich ein wenig bearbeiten. Mir persönlich gefällt aber das echte Rot viel besser!

MUSEUMSVIERTEL & WESTEN

68. ZEVENLANDENHUIZEN

Das gibt's nur in Amsterdam: Nebeneinander sieben große, prachtvolle Stadtvillen, von denen jede ein europäisches Land repräsentieren soll. Das spanische Haus zeigt maurische Elemente, das italienische ist ein neoklassizistischer Palazzo, das russische trägt ein Zwiebeltürmchen und das deutsche beeindruckt mit rotem Backstein und Spitzbögen. Errichtet wurden die Gebäude Ende des 19. Jh.

Als Foto-Motiv und -Kulisse ist der rot-weiß gestreifte Spanien-Repräsentant besonders beliebt und ein bisher noch relativ geheimer Instagram-Spot!

Roemer Visscherstraat 32II | Station: Overtoom

Ein weiterer Foto-Tipp ist die alte Bibliothek im Rijksmuseum. Meterhohe Wände voller alter Bücher ergeben eine tolle Foto-Kulisse à la Harry Potter!

69. RIJKSMUSEUM

Dieser schlossähnliche Backsteinbau ist das größte und wichtigste Museum der Niederlande. Seine üppig ausstaffierten Säle beherbergen geradezu unüberschaubare Mengen an Kunstschätzen, die holländische Malerei des Goldenen Zeitalters mit Rembrandts berühmter „Nachtwache" steht aber im Zentrum. Mit der kostenlosen App des Rijksmuseums brauchst du übrigens keinen Audioguide und sparst 5 Euro. **Einen spielerischen Weg durch die Fülle der Exponate weist das Escape Game: In den Kunstwerken verstecken sich Hinweise, die dir dabei helfen, das mysteriöse Verschwinden einer Buchseite aus dem Werk des Alchemisten Alessandro Cagliostro aufzuklären.** Ich finde, eine spannendere Art, einem Kunstgeschichte näherzubringen, gibt es nicht!

Nach deinem Besuch kannst du in den schönen Gartenanlagen rund um das Museum chillen oder ein kleines Foto-Shooting einlegen. Vor dem großen Springbrunnen lassen sich z. B. tolle Fotos mit Wasser und dem Museum im Hintergrund machen!

Museumstraat 1 | Station: Rijksmuseum

FOTO TIPP FOTO TIPP FOTO TIPP FOTO TIPP

Diese Location befindet sich direkt gegenüber vom Rijksmuseum, und auch wenn es nicht so aussieht, wimmelt es dort von Menschen. Mit dem richtigen Winkel entstehen aber trotzdem tolle Fotos!

70. ATLAS FISCALISTEN

Darf ich hier einziehen? Ich liebe ja solche Gebäude! Aus dem Einquartieren wird zwar nichts, denn in den prächtigen freistehenden Villen aus dem 19. Jh. residieren zumeist Steueranwälte, aber von der Brücke aus kannst du wunderschöne Bilder kreieren. Schlendert man gegenüber vom Rijskmuseum die Promenade entlang, entdeckt man viele dieser einmalig schönen Häuser und kommt ins Schwärmen! Hach…

Weteringschans 24 | Tram: Spiegelgracht

Ich liebe es, hier morgens eine Runde zu joggen oder als Gegenprogramm mit Freunden eine Pizza zu holen und hier zu essen!

PARKS

71. VONDELPARK

Mit 48 Hektar ist der Vondelpark zwar ganz schön groß, eine Oase der Ruhe ist er aber nur selten. Im Sommer trifft sich hier nämlich ganz Amsterdam – zum Picknick, zum Fußballspielen oder einfach zum Abhängen. Seine Freiluftbühne (www.openluchttheater.nl) macht ihn von Mai bis September zu *dem* kulturellen Hotspot der Stadt. **Dann gibt es hier fast jeden Abend Tanz-, Musik- und Theatervorstellungen, Stand-up-Comedy (niederländisch!), Kindertheater und klassische Musik. Die Vorstellungen** sind gratis, es kann also sehr voll werden. Direkt hinter der Bühne liegt das Blauwe Theehuis, ein modernistischer Pavillon aus den 1930er-Jahren mit einem schönen Biergarten.

Die Anfänge der Grünanlage waren äußerst bürgerlich. 1877 wurde sie als erster öffentlicher Park Amsterdams angelegt und nach dem Renaissancedichter Joost van den Vondel, dem „Shakespeare Hollands", benannt.

Vondelpark | Tram: J.P. Heijestraat

BUCKET LIST

Vondelpark

Lass deinen Gedanken freien Lauf...
Dichte, zeichne, erfinde etwas oder male einfach die Wolken ab.

ESSEN & TRINKEN

72. CORNER BAKERY

Nicht nur mit der bezaubernden Einrichtung und der Liebe zum Detail punktet das Café, sondern auch mit dem verführerischen Frühstücksangebot. Mhhh … die leckeren Pancakes mit Früchten kann ich euch nur empfehlen. Mehrere Filialen.

Jan Pieter Heijestraat 131 | Tram: J.P. Heijestraat | www.cornerbakeryamsterdam.com | @cornerbakeryamsterdam | #foodporn

73. MAMA KELLY

Fabulous Pink! Schnapp dir deine High Heels, deine Mädels – und lasst euch bei MaMa Kelly verwöhnen. Die pink-goldene Einrichtung mit vielen Details ist super elegant und mal was ganz Spezielles. Zudem hat sich das Lokal süße Foto-Ecken ausgedacht. Zum Dresscode: Ein schickes Outfit darf's schon sein, denn hier kannst du dich gern herausputzen. Für die Jungs ist MaMa Kelly der perfekte Ort, um sich von den Hähnchen- und Hummergerichten begeistern zu lassen – und um Mädels kennenzulernen. Es gibt aber auch einige andere Gerichte. Ich kann das Trüffelrisotto sehr empfehlen. Yummy!

Olympisch Stadion 35 | Station: Olympisch Stadion | www.mama-kelly.nl | @mamakellyamsterdam

BUCKET LIST
Mama Kelly

Du warst da?
Hier ist Platz für dein
Erinnerungs-Foto.

Mhhhm Mama Kelly

74. HAPPYHAPPYJOYJOY

Lass dich von der modernen asiati-
schen Küche hier beeindrucken. Ich
meine, bunte Burger – mehr Fancy
geht doch fast gar nicht! Wichtig: Die
Speisen werden in „Starter Sizes"
serviert – also etwas mehr bestellen
als sonst! Zu den bunten Burgern
passt das knallbunte Pop-Interieur,
mit Gestaltungselementen wie asia-
tischen Schirmen an der Decke und
Neonschriftzügen an den Wänden.
Und in der offenen Küche kannst du
zuschauen, wie die Gerichte frisch
zubereitet werden. Mehrere Filialen.

Bilderdijkstraat 158HS | Tram: Kinkerstraat |
www.happyhappyjoyjoy.asia |
@happyhappyjoyjoyams

75. BLAUW

Reistafel (mindestens zwei Personen)
gibt es in vielen Amsterdamer Restaurants, aber selten ist sie so authen-
tisch wie hier. Für Mutige bringt
Chefin Titi Waber auf Nachfrage den
schärfsten Sambal Indonesiens zum
Einsatz. Gelöscht wird beispielsweise
mit eiskaltem Bintang, einem indone-
sischen Bier.

Amstelveenseweg 158 | Tram: Amstelveenseweg
| www.restaurantblauw.nl | @restaurantblauw

76. THE SEAFOOD BAR

In diesem stylishen, überwiegend in
Weiß gehaltenen Fischrestaurant in
der Nähe des Museumplein (drei weitere Filialen in der Stadt) bekommst
du alles aus der Welt der Meerestiere

Süßes wie Bananenbrot, Zitronentarte oder Cookies, aber auch Herzhaftes wie Flammkuchen, Salate und Quiches, alles aus Bioprodukten. Manch ein Kunde hat das Café auch als wohligen Workspace entdeckt.

Amstelveenseweg 3 | Station: Surinameplein | www.stickyfingers.nl | @stickyfingers_biteme

78. DE PIZZABAKKERS

„Pizza & Prosecco" verspricht die Aufschrift auf der Markise. Salate, Dolci, Wein und Cocktails stehen in diesem angesagten Kettenrestaurant selbstverständlich auch auf der Karte – bei schönem Wetter werden sie auch draußen serviert. Wer im Vorbeilaufen einen Blick auf die großen Pizzen wirft, riskiert eine plötzliche Hungerattacke. Dünn und knusprig kommen die Pizzen aus dem Holz-

– von Fish & Chips und kleinen Häppchen bis hin zu den „Fruits de Mer Royale". Fangfrisch, aus nachhaltiger Zucht oder Fischerei und vor allem eins: verdammt lecker!

Van Baerlestraat 5 | Tram: Van Baerlestraat | www.theseafoodbar.com | @theseafoodbar

77. STICKY FINGERS

„Come in & bite me" – wer als Passant einen Blick ins Schaufenster des Cafés wirft, wird dieser Einladung auf der Fensterfront gern folgen. Drinnen erwarten dich in hellem Ambiente

Man erwartet dich im Katzencafé!

SHOPPING

80. MARQT

„Lekker eten" – und zwar Bioprodukte – ist hier das Motto. Hinter hohen Fenstern werden in diesem angesagten Supermarkt ökologische und regionale Produkte angeboten. Hier bekommst du Mitbringsel wie Käse, salzige Lakritze oder Bier lokaler Brauereien, aber auch frische Pizza und Salate zum Mitnehmen oder gleich Essen. Bezahlt wird ausschließlich mit Bank- oder Kreditkarte, also: kein Bargeld! Mehrere Filialen.

Overtoom 21 | Tram: Overtoom | www.marqt.nl

81. SISSY BOY

Mitbringsel gesucht? Dann ist Sissy-Boy eine gute Adresse. Wie wär's mit einer Lupe mit goldenem Salamandergriff? Oder Garderobenhaken mit Lilienblättern? Vielleicht doch lieber ein Tortenheber mit grünem Käfer als Griff? Die niederländische Modekette verkauft zwar hauptsächlich coole Mode, aber eben auch ausgefallene Wohnaccessoires.

Zuidplein 10 | Metro: Zuid | www.sissy-boy.com

ofen, little Italy in Amsterdam! To go gibt's die Pizza auch, und der Vondelpark ist nur 260 m entfernt!

Willemsparkweg 178 | Tram: Cornelis Schuytstraat | www.depizzabakkers.nl | @depizzabakkers

79. KATTENCAFÉ KOPJES

Katzen, Kaffee und Kuchen – was für ein Mix! Eine Crowdfunding-Kampagne (975 Geldgeber!) machte das erste Katzencafé der Niederlande möglich. Sieben Katzen streunen hier herum und sind die Stars der Szene. Die Show kostet Eintritt, 3 Euro, der Verzehr wird extra berechnet (moderate Preise). Ein Erlebnis! Unbedingt reservieren!

Marco Polostraat 211 | Station: Marco Polostraat | www.kattencafekopjes.nl | @kattencafe_kopjes

AMSTERDAM
De Pijp & Oost

Südlich vom Grachtenring schließt sich De Pijp an, einst Arbeiterviertel, heute ein hippes, alternatives Multikulti- und Studentenviertel. Cafés, Restaurants und kleine Shops säumen die schmalen Straßen, viele der ehemaligen Arbeiterwohnblocks wurden aufwendig modernisiert und beherbergen heute eine wohlhabendere Klientel. Weiter östlich lohnen Highlights wie das hochmoderne Tropenmuseum und das Ijsselmeer mit dem populären Stadtstrand.

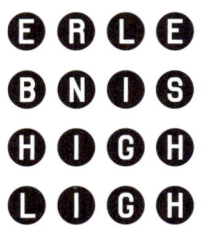

ERLEBNIS HIGHLIGHTS

DE PIJP & OOST

> **URBAN ART ENTDECKEN**

> **SOMMER, SONNE, BEACH!**

> **IM WINTER: EISLAUFEN!**

> **THE AVOCADO SHOW GENIESSEN**

> ....

> ....

> ....

Durchs Quartier Latin der Stadt, dann ab ans Ijsselmeer!

De Pijp & Oost

SEHENSWERTES

- 82 WAKE ME UP WHEN I'M FAMOUS BENCH
- 83 GRACHTENFAHRT
- 84 HEINEKEN EXPERIENCE
- 85 BLIJBURG AAN ZEE
- 86 JAAP-EDEN-EISBAHN
- 87 TROPENMUSEUM

PARKS

- 88 AMSTELPARK

ESSEN & TRINKEN

- 89 MATCHA BAR
- 90 COFFEE & COCONUTS
- 91 FOU FOW RAMEN
- 92 THE AVOCADO SHOW
- 93 JACOB'S JUICE
- 94 RAINBOWLS
- 95 SIR HUMMUS
- 96 BAR BOTANIQUE
- 97 HAPPY TOASTI

SHOPPING

- 98 ALBERT CUYPMARKT
- 99 HUTSPOT
- 100 KAASHUIS TROMP

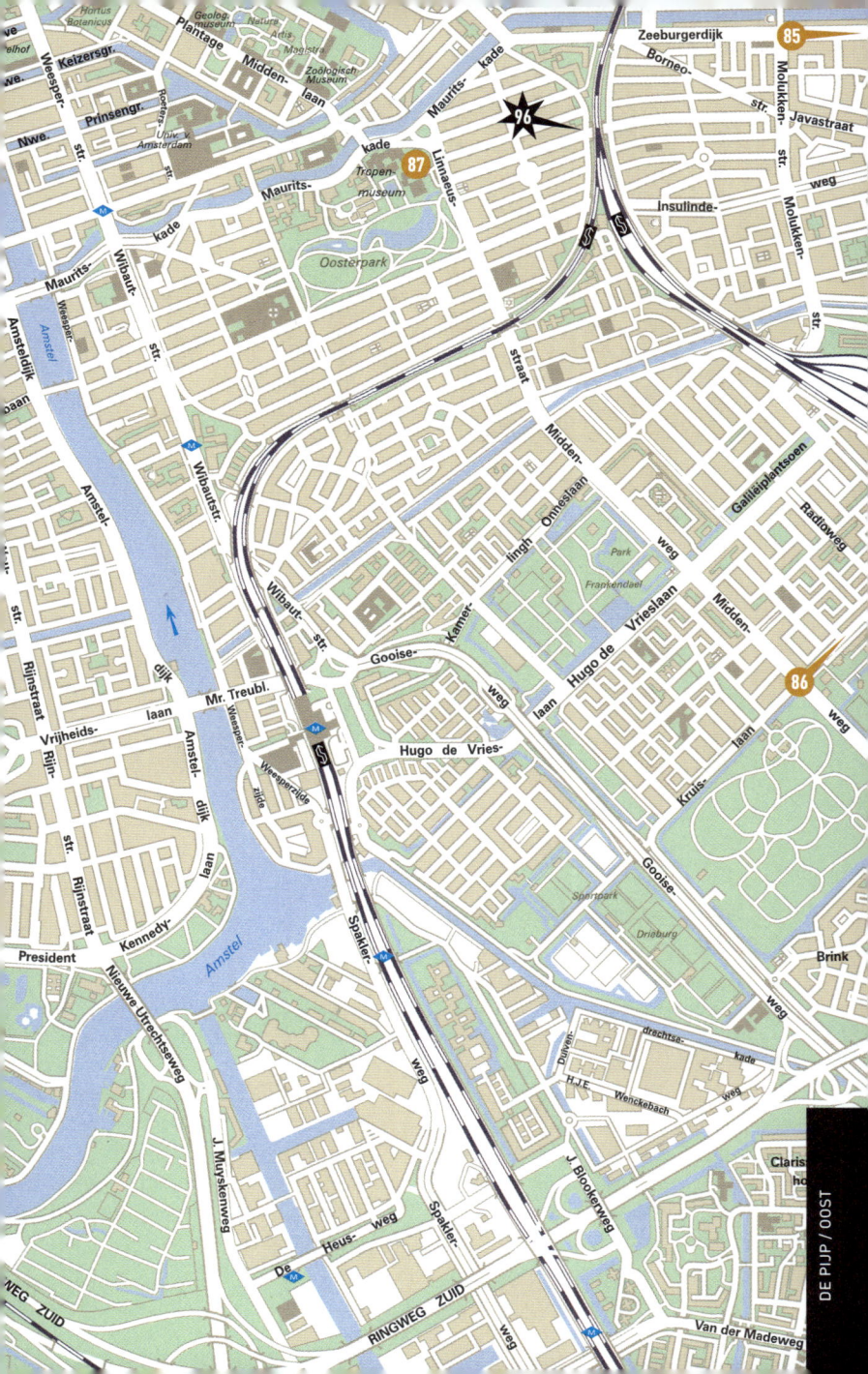

Zeeburgerdijk
Borneo.
Molukken-
str.
Javastraat

Nwe.
Weesper-
we.
Keizersgr.
Prinsengr.
str.
Hortus
Botanicus
elhof
Plantage
Geolog.
museum
Nature
Adis.
Moistra
Zoölogisch
Museum
Midden-
laan
Maurits-
kade
Maurits-
kade
Linnaeus-

Unix v
Amsterdam
Maurits-
kade
Tropen-
museum
Insulinde-
Molukken-
str.

M
kade

Maurits-
Wibaut-
Oosterpark
straat

Amstel
Amsteldijk
Weesper-
str.
Wibautstr.
Midden-
Onteslaan
Galileïplantsoen
Radioweg

Amstel
baan
M
Wibaut-
str.
lingh
Park
Frankendael
weg
Hugo de
Vrieslaan
Midden-
weg

str.
Rijnstraat
Mr. Treubl.
Gooise-
Kamer-
weg
laan
Kruis-
laan

Vrijheids-
Rijn-
Amstel-
dijk
M
S
Hugo de Vries-

str.
Rijnstraat
laan
Weesperzijde
Gooise-

President
Kennedy-
Nieuwe Utrechtseweg
Amstel
Sperpark
Drieburg
weg
Brink

J. Muyskenweg
Spaklerweg
M
Duifen
drechtse-
kade
Clarisa
ho
H.J.E.
Wenckebach
weg

DE PIJP / OOST

WEG ZUID
De
M
Heus-
weg
Spakler-
weg
RINGWEG ZUID
weg
M
J. Blookenweg
Van der Madeweg

SEHENSWERTES

82. WAKE ME UP WHEN I'M FAMOUS Bench

Amsterdam ist ein Hotspot für Urban Art, und viele der Künstler, die früher nachts Züge besprühten, stellen ihre Werke heute in Galerien aus. **Viele Blogger und Instagramer pilgern zu dem berühmten Graffiti „WAKE ME UP WHEN I'M FAMOUS" mit der dazugehörigen Bank. Hier entstehen Pics, die im Netz bekannt werden.** Wenn du Glück hast, ist die Bank gerade nicht von Autos und Motorrä-

dern versperrt und du kannst dich so richtig schön inszenieren.

Beim Gang durch Amsterdam kannst du viele tolle Urban-Art-Werke entdecken oder du schließt dich einer speziellen geführten Graffiti-Tour durch die Stadt an. Allerdings werden Graffiti von der Stadt immer relativ rasch beseitigt – da heißt es, schnell zu sein! Bei jedem Besuch gibt es deshalb aber immer neue Kunstwerke zu entdecken! Das WMUWIF-Graffito bleibt aber.

Frans Halsstraat 64 | Tram: Marie Heinekenplein

BUCKET LIST

*Wake me up
when I'm famous*

Du warst da?
Hier ist Platz für dein
Erinnerungs-Foto.

Ich bevor ich berühmt wurde

Wer auf den Kanälen unterwegs ist, muss nicht hungern: An der Prinsengracht gibt's ein Drive-in (Drijf-in) für Boote von Febo.

83. GRACHTENFAHRT

Total gemütlich und entspannt ist eine Bootsfahrt auf den Grachten der Stadt. Hier hast du eine ganz andere Perspektive auf die Häuser und Ufer und entkommst dem Trubel der Stadt für einige Zeit. **Wenn du mit ein paar Leuten unterwegs bist, mietet euch doch zusammen ein Boot und steuert selbst durch die Wasserwege!** Hört sich teuer an, geht aber: Im südlichen Zentrum von Amsterdam könnt ihr euch bei Boaty ein Elektroboot mieten, je nach Wunsch mit oder ohne Überdachung. Für maximal sechs Personen kostet das ab 79 Euro für 3 Stunden. Von hier aus dürft ihr auf der Amstel und den Grachten nach Lust und Laune herumschippern und braucht nicht mal einen Bootsführerschein.

Wem das zu stressig ist, der bucht eine Grachtenrundfahrt bei einem der vielen Anbieter. Die meisten Touren starten beim Hauptbahnhof oder am Rijksmuseum und sind in Sachen Programm und Preise relativ ähnlich. Natürlich gibt es auch Sonderfahrten wie die Dinner Rundfahrt, Nachtfahrten und für Romantiker die Candlelight Rundfahrt.

Jozef Israëlskade | Station: Amstelkade

BUCKET LIST
Grachtenfahrt

Zeichne deine Route ein und beschreibe die tollsten Entdeckungen.

_____

_____

_____

_____

_____

_____

Hier warten zwei kostenlose biertjes auf dich!

84. HEINEKEN EXPERIENCE

Der typische Duft der Brauerei wabert zwar seit 1988 nicht mehr über dem Pijp, doch ist *die* Bier-Institution, die alte Heineken-Brauerei, im Viertel präsent geblieben. Die Heineken Experience ist ein hochmodernes interaktives Biermuseum, das dir die Geschichte des beliebten Getränks, den Brauprozess, die Innovationen und das Sponsoring nahebringt. Eindrucksvoll sind auch die Architektur des Gebäudes aus dem 19. Jh., gewaltige Biertanks aus Messing und natürlich die berühmte Goldmedaille, die die Brauerei auf der Weltausstellung in Paris gewann, und die auf jeder Heineken-Dose abgebildet ist. **Die Mischung aus erhaltener historischer Ausstattung und Computersimulation macht die Experience so einzigartig.** Nach der Reise durch die Welt des Biers warten auf dich an der Theke zwei frisch gezapfte, kostenlose Heineken. Das Zeitfenster für deinen Besuch solltest du vorab online buchen.

Stadhouderskade 78 | Bus: Ferdinand Bolstraat

85. BLIJBURG AAN ZEE

Sommer, Sonne, Beach? Ja, das gibt es alles im Osten von Amsterdam. Dort findet sich am freundlichen Stadtstrand mit dem Namen Blijburg aan Zee am Ijsselmeer ein buntes, sonnenhungriges Völkchen ein. Das große Plus ist, dass man hier im Ijsselmeer wirklich in tollem Wasser baden kann. **Die Bar, an der es leckere Snacks und Getränke gibt, sieht zwar etwas zusammengeschustert aus, aber so ist es hier in der Hippie-Oase – einfach liebenswert!** Im Kontrast dazu steht das Neubaugebiet Ijburg, an dessen Ende der Strand liegt. Auf künstlich aufgeschütteten Sandinseln entstanden Wohnungen für rund 45 000 Menschen, viele davon in moderner Archi-

> ## TIPP
> Das Surfcenter IJburg macht es möglich: Windsurfen in der Stadt. Hier gibt's Surfkurse für alle Niveaus – und öfter mal ziemlich ordentlichen Wind!

tektur. Rund 50 Wohneinheiten sind übrigens eine Art Mischung aus Boot und Haus, die über Stege und Anleger verbunden sind.

Zuiderzeeweg 8 | Station: Zuiderzeeweg

Sommer, Sonne,
Meer & Surfen

86. JAAP-EDEN-EISBAHN

Wenn du im Winter in Amsterdam bist, gibt es manche Gelegenheit, die Niederländer bei der Ausübung ihres Nationalsports, des Schlittschuhlaufens (*schaatsen*), zu beobachten. **Den besten Eindruck bekommst du im Stadtteil Watergraafsmee, wo die Amsterdamer auf der 400 m langen Jaap-Eden-Eisbahn den ganzen Winter über auf langkufigen Eisschnelllaufschuhen elegant und ausdauernd ihre Kreise ziehen.** Selbstverständlich kannst du mitmachen: Beim Schuhe-Ausleihen musst du deinen Ausweis oder 100 Euro als Kaution hinterlegen. Benannt ist die Bahn nach dem legendären niederländischen Sportler Jaap Eden, der 1895 das

bisher einmalige Kunststück fertigbrachte, sowohl im Radsport als auch im Eisschnelllauf Sprintweltmeister zu werden. Übrigens: Auch auf dem Leidseplein und dem Museumsplein werden im Winter, jeweils vor toller Kulisse, Eisbahnen aufgebaut.

Radioweg 64 | Bus: Linnaeusparkweg

> **TIPP**
> Sollten die Grachten bei deinem Besuch dick zugefroren sein, kannst du darauf vor toller Kulisse *schaatsen* – ob das Eis trägt, wird behördlich geprüft.

*Fotografieren ist in diesem inter-
aktiven Museum erlaubt, und es
wimmelt geradezu von Foto-Motiven!
Also Kamera bereithalten!*

87. TROPENMUSEUM

2018 hat das Tropenmuseum einen radikalen Schnitt gemacht und sich vom bis dahin gültigen geografischen Konzept seiner Dauerausstellung abgewandt. Heute stehen hier universale Themen im Vordergrund, das globale Zusammenwirken von Menschen, Migration, Identität und die kulturelle Vielfalt. Von der bei seiner Gründung 1910 gültigen kolonialen Ausrichtung ist nichts mehr spürbar. Wo fühlst du dich geborgen? Was sagt deine Kleidung über dich aus? Ändert sich mit dem Klima auch unsere Kultur? In beeindruckenden Räumlichkeiten beleuchtet die Dauerausstellung unter dem Titel „Things that matter" zehn solche Leitfragen. Du erlebst hier also eine kleine Weltreise, begegnest Hoch- und Alltagskultur aus aller Welt und kannst unter der Überschrift „Nachleben der Sklaverei" einen Blick auf das koloniale Erbe der Niederlande werfen. **Zudem gibt es immer wieder spannende und wechselnde Ausstellungen oder Aktionen, wie Yoga in der großen Halle.**

Linnaeusstraat 2 | Station: 1e v. Swindenstraat

DE PIJP / OOST

FOTO TIPP FOTO TIPP FOTO TIPP FOTO TIPP FOTO

Am südlichen Ende des Parks, malerisch an der Amstel gelegen, steht die berühmte Windmühle Riekermolen. Ein tolles Foto-Motiv und ein echter Publikumsmagnet.

PARKS

88. AMSTELPARK

Ein üppig blühender Rhododendron-garten, Heckenlabyrinth, Orangerie, Streichelzoo, Minigolfplatz, Galerien und Cafés – im 1972 angelegten Amstelpark kannst du einen schönen Tag gepflegt genießen. Fahrradfahren ist hier nicht erlaubt, doch wer mag, lässt sich im Amsteltrein herumchauffieren – beispielsweise zum Rosarium, zum Kloster- oder zum Schmetterlingsgarten. Freiflächen laden zum ausgedehnten Picknicken ein; laute Musik ist nicht erlaubt. Alles sehr gemütlich, entspannt und altholländisch. Als spezielle Attraktion steht hier die Riekermolen, eine der letzten vier überlebenden pittoresken Windmühlen aus dem 17. Jh. **Ursprünglich stand sie woanders, wurde aber aufwendig umgesetzt, um heute an ihrem Platz bewundert werden zu können!**

Amstelpark | Bus: Amstelpark

ESSEN & TRINKEN

89. MATCHA BAR

Da ich meine Auslandssemster in Korea absolviert habe, kann ich einige Matcha-Erfahrung vorweisen. Schon wegen des Namens hat mich dieses total süß eingerichtete japanische Café mit sehr nettem, auskunftsfreudigem Personal sofort angezogen. Selbstverständlich gibt's hier Matcha-Tee, aber auch in Cremes für süße Torten, herzhafte Brötchenbeläge und -füllungen sowie in Eiscreme ist Matcha zu finden. Einfach lecker – und eine Augenweide! Ich empfehle dir, einen Matcha Latte auszuprobieren (den gibt's sogar mit verschiedenen Milchsorten). Das normale Kaffeeprogramm mit Espresso, Cappuccino, Latte usw. gibt's aber auch.

Albert Cuypstraat 89 | Metro: De Pijp | www.matchabar.nl | @matchabaramsterdam

Nicht nur mega lecker, sondern auch super fotogen!

Coffee & Coconuts

91. FOU FOW RAMEN

Fou – ausgesprochen „fu" – ist französisch und heißt „verrückt", Fow – genauso ausgesprochen – ist der Vorname des Gründers. Im Japanischen bezeichnet „Fu Fu" das Pusten auf heiße Gerichte. Welche Interpretation dir lieber ist, liegt ganz bei dir. Große Schüsseln voller dampfender japanischer Nudeln (Ramen) gibt's hier jedenfalls: mit oder ohne Fleisch, mit oder ohne Chili, dazu hausgemachte Gyoza-Taschen. Mehrere Filialen.

Van Woustraat 3 | Tram: Stadhouderskade | www.foufow.nl | @foufowramen

92. THE AVOCADO SHOW

Avocados sind fettreich, aber gesund. In diesem absolut coolen Laden, In-Treff der Hipsterszene, heißt es „Avocado all day", denn hier dreht sich alles um das Trend- und Superfood. Bowls und Burger, Pancakes und Toasts, Salate und Sweets – in allem steckt die große grüne Beerenfrucht. Hier und da bereichern Hühnchen, Lachs und Schinken die Karte, die meisten Gerichte sind aber vegetarisch oder vegan. Mehrere Filialen.

Daniël Stalpertstraat 61 | Tram: Marie Heinekenplein | www.theavocadoshow.com | @theavocadoshow

90. COFFEE & COCONUTS

In einem ehemaligen Kinogebäude lädt das dreistöckige Lokal mit balinesischem Flair zu trendigen und gesunden Genüssen ein. Bekannt ist das Café für seine Gerichte mit Einflüssen aus aller Welt: vom Orient über vegane Indische Küche, von New Yorker Street Food bis zu klassischem BBQ. Was bei deinem Besuch nicht fehlen darf? Die frische Kokosmilch direkt aus der Nuss! Und nicht zuletzt: ein toller Workspace!

Ceintuurbaan 282 | Metro: De Pijp | www.coffeeandcoconuts.com | @coffeecoconuts

93. JACOB'S JUICE

„No waste – Great taste" ist das Motto dieses ganz speziellen „Saftladens". Hier werden nämlich Früchte und Gemüse, die aufgrund allenfalls oberflächlicher Mängel nie verarbeitet worden wären, für den Konsum geret-

The Avocado Show

tet. Bei Jacob's werden daraus leckere, gesunde Säfte und Smoothies produziert, auch zum Mitnehmen. In Weckgläsern eingemachtes Gemüse ergänzt das Sortiment. Alles sehr lecker und eine tolle Idee!

Eerste Jacob van Campenstraat 34 | Tram: Marie Heinekenplein | www.jacobs-juice.com | @jacobsjuiceamsterdam

94. RAINBOWLS

Ein echter Insta-Spot – die frisch zubereiteten indonesisch inspirierten Bowls hier kommen zunächst mal als Augenschmaus daher und erlauben einzigartige Foodie-Bilder. Das Geschmackserlebnis steht dem aber in nichts nach. Anschließend Kaffee und Kuchen – was will man mehr?

Frans Halsstraat 40 | Tram: Marie Heinekenplein | @rainbowls.amsterdam

95. SIR HUMMUS

In Jerusalem entwickelten sie ihre Hummus-Kompetenz, in London hatten sie die Geschäftsidee, und in Amsterdam haben die Gründer von Sir Hummus sie dann verwirklicht. Am Anfang stand 2014 ein Radlerservice, es folgten ein Pop-up-Store und dann das Restaurant. Hier gibt's heute „echten Hummus", frisch und originell zubereitet, bezahlbar, lecker und gesund. Du wählst zwischen klein und normal und bestimmst eines von sechs Toppings – das war's schon. Oder, noch einfacher, du wählst einen der fünf „Favorites". Dazu werden Pita-Brot, Gurke und Salat serviert.

Van der Helstplein 2 | Station: 2e v.d. Helststraat | www.sirhummus.nl | @sirhummus

FOTO TIPP FOTO TIPP FOTO TIPP FOTO TIPP

96. BAR BOTANIQUE

Hier dominiert die Farbe der Hoffnung – die hohen Wände, die Decke, Teile des Fußbodens sind grün, die vielen großen Palmen, Farne und anderen Gewächse aus der Welt der Botanik auch. An den Wänden große Spiegel, dazu Marmortresen. Die Hoffnung trügt nicht – von morgens bis abends kannst du's dir in dieser coolen Bar gutgehen lassen. Abends ist die Karte, abgesehen von Burgern und Pizza, französisch-mediterran geprägt, davor werden kleine Gerichte wie Bowls, Burger und Croques serviert.

Eerste Van Swindenstraat 581 | Station: Dapperstraat | www.barbotanique.nl |
@barbotaniqueamsterdam

97. HAPPY TOSTI

Nein, in der Überschrift war nicht der Fehlerteufel am Werk. Im Happy Tosti geht's wirklich um Tostis, nicht um Toasts! Was ein Tosti ist, erfährt jeder Niederländer im Kindesalter: ein gegrilltes Käse-Sandwich. Und weil die Begeisterung dafür bei vielen ein Leben lang anhält, gibt es Läden wie die Kette Happy Tosti, die in Amsterdam aber erst seit Kurzem vertreten ist. Selbstverständlich gibt's hier eine breite Palette von Tostis zur Auswahl: mit Käse und Schinken, mit Chorizo-Wurst, mit Hühnchen … Als süße Variante steht Choco-Banana auf der Karte – ganz ohne Käse! Und wenn jemandem nicht der Sinn nach Tosti steht – es gibt auch Panini, Suppen und Joghurt-Bowls.

Eerste van der Helststraat 80 | Station: 2e
v.d.Helststraate | www.happytosti.nl

BUCKET LIST
Bar Botanique

Du warst da?
Hier ist Platz für dein
Erinnerungs-Foto.

Ich im Grünen

Am Albert Cuypmarkt

TIPP

Weniger bekannt, ausgesprochen multikulti, günstiger und exotischer ist der Dappermarkt (Dapperstraat) im angesagten Stadtteil Oost (Mo. bis Sa.).

SHOPPING

98. ALBERT CUYPMARKT

Dieser wuselige Freiluftmarkt, der bekannteste der Niederlande, ist seit über 100 Jahren eine Amsterdamer Institution. Von Montag bis Samstag kannst du an über 200 Ständen Lebensmittel, Accessoires, Stoffe, Blumen usw. bewundern und kaufen. In den kleinen *tokos* rund um den Markt spürt man, wie international Amsterdam ist. Hier gibt es z.B. exotische Läden mit thailändischen, surinamischen und indischen Lebensmitteln.

Albert Cuypstraat | Station: Ceintuurbaan

Im Concept Store Hutspot

99. HUTSPOT

Zeitlose Mode, innovatives Design und lokale Kunst – auf 800 m² stellt der Concept Store rund 140 etablierte Marken und junge Designer in Konkurrenz. Mit süßem Café. Mehrere Filialen.

Van Woustraat 4 |
Tram: Stadhou-
derskade

100. KAASHUIS TROMP

Zu guter Letzt: In den Niederlanden darf der Käse nicht fehlen! In diesem kleinen Laden stapelt sich heimischer und internationaler Käse in verschiedensten Reifestufen und Sorten bis unter die Decke. Die freundlichen Mitarbeiter beraten dich gern, Probieren ist erwünscht. Mehrere Filialen.

Maasstraat 22 | Tram:
Maasstraat

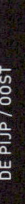

PARTYGUIDE

Amsterdam

Hinein ins Nachtleben! Aber wohin am besten? Die zahlreichen Hotspots dieser quirligen und kosmopolitischen Stadt stellen einen vor die Qual der Wahl! In jedem Viertel gibt es coole Clubs und Locations, die zum Tanzen, Feiern und Kennenlernen einladen – bis zum Morgenrot!

MARKTKANTINE

›› HOUSE, TECHNO

Was 1936 als Kantine für Markthändler angefangen hat, in den 1950er-Jahren als Theater und in den 1990ern als Tanzschuppen genutzt wurde, ist heute einer der größten und beliebtesten Clubs der Stadt mit mehreren Dancefloors, Bühnen und Live-Acts. Freitags und samstags kannst du dich hier ins Nachtleben stürzen und feiern bis zum Umfallen …

Grachtengürtel | Jan van Galenstraat 6 | Bus: Markthallen | www.marktkantine.nl | @demarktkantine

MAN KANN HIER NUR MIT KARTE ZAHLEN!

SHELTER

›› TECHNO, HOUSE

Es hat ein bisschen was von einem James-Bond-Film, wenn sich nach Sonnenuntergang der Eingang zum Shelter aus

TÄGLICH GEÖFFNET

dem Boden erhebt und den Weg in den ehemaligen Kriegsbunker unter dem A'DAM-Turm freigibt, in dem dieser angesagte Club untergebracht ist. Die Soundanlage ist einzigartig und die Partys sind legendär!

Zentrum | Overhoeksplein 3 | Fähre: Buiksloterweg, Gratisfähre vom Hauptbahnhof aus | www.shelteramsterdam.nl | @shelteramsterdam

DE SCHOOL

›› TECHNO

In den Räumlichkeiten einer ehemaligen technischen Schule im Westen der Stadt ist neben Gastronomie, Fitnessstudio, Konzert- und Ausstellungsräumen auch einer der besten Nachtclubs Amsterdams zu Hause. Hier kannst du zwischen Hipstern und Ravern pechschwarze Techno-Nächte durchtanzen. Einmal im Monat hat der Club ein ganzes Wochenende lang rund um die Uhr geöffnet.

Museumsviertel & Westen | Doctor Jan van Breemenstraat 1 | Tram: Adm. Helfrichstraat | www.deschoolamsterdam.nl | @deschoolamsterdam

OT301

›› TECHNO, HOUSE

Das OT301 bietet ein kunterbuntes Kulturprogramm, das mitunter auch mal etwas ins Verrückte abdriftet. Spaß ist aber immer garantiert, egal ob du eine Musik-, Theater- oder Tanzveranstaltung besuchst, an einem Workshop, einem Yoga- oder einem Meditationskurs teilnimmst oder ob du bei einem Ping-Pong-Abend mitmachst …

Museumsviertel & Westen | Overtoom 301 | Tram: J.P. Heijestraat | www.ot301.nl | @ot301adam

CLAIRE

>> HOUSE, DISCO

Wer es unkompliziert mag und zu feinstem House und Disco tanzen und feiern möchte, der ist im Claire bestens aufgehoben. Es gibt keinen Dresscode, die Atmosphäre ist entspannt, das Ambiente mega gemütlich, das Personal super freundlich – und das Beste: Am Wochenende wird bis 8 Uhr in der Früh gefeiert!

Grachtengürtel | Rembrandtplein 17 | Station: Rembrandtplein | www.claire.nl | @claireamsterdam

LOKALE DJS / MITTWOCH BIS SONNTAG GEÖFFNET

CLUB NYX

>> DIVERS

Der kunterbunte Gay Club heißt jeden willkommen, der Spaß am Feiern hat! Von Donnerstag bis Samstag ist hier auf

DONNERSTAGS STUDENTENTARIF

MINDESTALTER 18+.

drei verschiedenen Floors mit unterschiedlichsten Musikrichtungen Partystimmung angesagt. Wer die 1980er-Jahre mag, kommt ebenso auf seine Kosten wie Fans von Hip-Hop, RnB oder Techno.

Grachtengürtel | Reguliersdwarsstraat 42 | Station: Muntplein | www.clubnyx.nl | @nyxamsterdam

PARADISO

>> DIVERS

Ein Amsterdam-Trip ohne einen Abend im Paradiso? Unmöglich! Auf der Bühne des beliebten Clubs, der in einer ehemaligen Kirche eine einzigartige Location gefunden hat, standen schon Berühmtheiten wie David Bowie, Nirvana und die Rolling Stones. An den Wochenenden legen regelmäßig DJs für das bunt gemischte, internationale Publikum auf und heizen der partywütigen Menge kräftig ein.

Grachtengürtel | Weteringschans 6-8 | Tram; Leidseplein | www.paradiso.nl | @paradisoadam

RADION

>> DIVERS

Das Radion ist weit mehr als nur ein Club, es ist vielmehr eine kreative Oase, die Kunst, Musik und Kultur miteinander

MINDESTALTER 18+

verbindet. In den ehemaligen Hörsälen des akademischen Zentrums für Zahnmedizin finden im Wechsel Filmabende, Live-Acts, Theater- und Tanzaufführungen, Vorträge und Debatten statt. Das Radion-Café ist ein beliebter Treffpunkt für Jung und Alt, und die Clubnächte am Wochenende versprechen ein abwechslungsreiches Musikprogramm.

Museumsviertel & Westen | Louwesweg 1 | Station: Louwesweg | www.radionamsterdam. nl | @radionamsterdam

AIR

>> HIP-HOP

Von Dienstag bis Sonntag bietet das Air experimentelle Elektro-Klänge vom Feinsten. Das Programm wechselt regelmäßig zwischen Hip-Hop, House Techno und Disco. Es gibt insgesamt fünf Bars und drei individuell gestaltete Party-Areas, mit einem bunt gemischten Partyvolk.

Grachtengürtel | Amstelstraat 24 | Station: Rembrandtplein | www.air.nl | @airamsterdam

EINFACHES BEZAHLEN MIT PREPAID-SYSTEM

ESCAPE

>> ELEKTRO

Am Wochenende bilden sich immer endlos lange Schlangen vor diesem beliebten Club mit riesigem Dancefloor, einem grandiosen Sound-System und spektakulären Licht- und Lasershows. Jede Woche finden unterschiedliche Themenpartys statt, es gibt ein Café, eine Lounge und leckere Cocktails an jeder Bar!

Grachtengürtel | Rembrandtplein 11 | Station: Rembrandtplein | www.escape.nl | @escape_amsterdam

STRENGER DRESSCODE!

BITTERZOET

>> HIP-HOP

Eine Top-Adresse für coole Partys und tolle Konzerte. Ganz in der Nähe des Hauptbahnhofs, umgeben von Kanälen und gemütlichen Cafés, findest du diesen beliebten Club, der mit seinem abwechslungsreichen Musikprogramm ein breites Publikum anspricht.

Für einen Besuch musst du dich nicht besonders in Schale werfen, denn der Dresscode ist casual!

Zentrum | Spuistraat 2 HS | Station: Amsterdam Centraal | www.bitterzoet.com | @bitterzoet

TÄGLICH GEÖFFNET

SPAR-TIPP!
AMSTERDAM NIGHTLIFE TICKET
2 oder 7 Tage (10 €/20 €) kostenloser
Zutritt zu den 30+ angesagtesten
Clubs Amsterdams und Special
Event plus Willkommensgetränk
und viele weitere Extras.
www.amsterdamnightlife
ticket.com

24-HOUR FOOD

CANNIBALE ROYALE
Da du nach Mitternacht in Amsterdam fast nur noch langweiliges Fastfood bekommst, empfehle ich ein spätes Abendessen in einer der fünf Filialen.
www.cannibaleroyale.nl
@cannibaleroyale

JIMMY WOO

›› TECHNO, HOUSE

Der angesagte Club im Asia-Style steht vor allem bei den Jungen und Schönen von Amsterdam ganz hoch im Kurs. Auf einem riesigen Dancefloor lässt es sich entspannt zu House-Musik schwofen, und ein gemütlicher Lounge-Bereich lädt zum Chillen ein.

Grachtengürtel | Korte Leidsedwarsstraat 18 | Tram: Leidseplein | www.jimmywoo.com | @jimmywoolounge

CLUB UP

›› HOUSE, URBAN MUSIC

Das Club Up steht in dem Ruf, die beste House-Musik der Stadt zu spielen. Die wechselnden DJs legen aber auch andere Stilrichtungen auf, wie Dancehall, Urban und RnB. Ganz egal, an welchem Abend du kommst – die Stimmung ist immer grandios!

Grachtengürtel | Korte Leidsedwarsstraat 26 | Station: Leidseplein | www.clubup.nl | @clubup_amsterdam

DRESSCODE: CASUAL

MELKWEG

›› HOUSE, TECHNO, ELEKTRO / INDIE-ROCK, HIP-HOP, REGGAE

Das beliebte kreative Zentrum in einer ehemaligen Molkerei ist ein echter Hotspot für Musik- und Kulturfreunde. Das Angebot ist ausgesprochen vielfältig. Auf dem Programm stehen Live-Konzerte, Filmabende, Clubnächte, Theateraufführungen sowie weitere Veranstaltungen und Ausstellungen unterschiedlichster Art.

Grachtengürtel | Lijnbaansgracht 234A | Station: Leidseplein | www.melkweg.nl | @melkwegamsterdam

MINDESTALTER 18+

BOOTPARTYS

›› DIVERS

In Kneipen, Bars und Clubs hat eigentlich jeder schon gefeiert – aber hast du schon mal auf einem Boot die Nacht zum Tag gemacht? In Amsterdam kannst du auf speziellen Kanalbooten oder Partyschiffen die Wasseradern entlang oder aufs Meer hinaus schippern und auf Deck oder drinnen unvergessliche Stunden verbringen. Anbieter solcher Touren sind Boot10, Rederij Docks und Rederij Staets, die über unterschiedliche Flotten verfügen und die tollsten Partynächte auf dem Wasser veranstalten.

Zentrum | De Ruijterkade 14 | Station: Amsterdam Centraal | www.amsterdamnightlifeticket.com/de/amsterdam-boot-parties

JOHN DOE

>> TECHNO, RNB

Ausgesprochen schick geht es in diesem exklusiven Club zu, der im Herzen Amsterdams direkt am Rembrandtplein zuhause ist. Internationale Künstler sind hier zu Gast und sorgen für ein hochkarätiges, abwechslungsreiches (Musik-) Programm. Der Club ist außerdem bekannt für exzellente Cocktails, sein individuelles Interieur und seine einzigartigen Lichtinstallationen – ein Erlebnis!

Grachtengürtel | Rembrandtplein 31 | Tram: Rembrandtplein | www.clubjohndoe.nl | @clubjohndoe

CHICAGO SOCIAL CLUB

>> ELEKTRO

Wenn du eine sympathische Location suchst, um einen gemütlichen Abend in gechillter Clubatmosphäre zu verbringen, unter netten Leuten und mit guten Drinks, dann bist du im Chicago Social Club genau richtig! Die Bar hat täglich bis 4 Uhr morgens geöffnet!

Grachtengürtel | Leidseplein 12 | Tram: Leidseplein | www.chicagosocialclub.nl | @chicagosocialclub

MINDESTALTER 21+

JACK AMSTERDAM

>> HOUSE, TECHNO

Das Jack Amsterdam hat ein völlig neues Club-Konzept auf die Beine gestellt, das Kunst und Musik auf einzigartige Weise verschmelzen lässt. Parallel zu den DJ-Sets agieren Performance-Künstler, die keine Tabus kennen und immer für eine Überraschung gut sind. Das Publikum ist schrill, super sympathisch und vor allem: tolerant!

Oost | Hogehilweg 20 | Metro: Bullewijk | www. jack-amsterdam.nl | @jack_amsterdam_club

CLUB PANAMA

>> TECHNO, HOUSE, HIP-HOP

Wer auf Techno steht, darf sich einen Besuch im Panama Amsterdam auf keinen Fall entgehen lassen, denn der Club zählt zu den besten Techno-Hotspots des ganzen Landes. So einzigartig wie die Location in einem jahrhundertealten Speicherhaus direkt am Wasser ist auch die Musik, die hier gespielt wird. Vor dem Clubbing kannst du im zugehörigen Restaurant übrigens sehr gut abendessen.

Grachtengürtel| Oostelijke Handelskade 4 | Station: Oostelijke Handelskade | www.panama.nl | @panama_amsterdam

CLUB MAIA

>> HIP-HOP, RNB

Ein Abend in diesem Club ist wie ein Kurztrip ins Paradies: Du tanzt in einem einzigartigen Ambiente, umgeben von üppiger Deko aus Pflanzen und Blumen zu den besten Vibes der Stadt. Zwischendurch einen Drink an der coolen Orange Bar – was will man mehr?

Grachtengürtel | Korte Leidsedwarsstraat 14 | Station: Leidseplein | www.clubmaia.com | @maia.amsterdam

MINDESTALTER 23+

STRENGER DRESSCODE: PARTY-CHIC & SEXY

CANVAS

>> HIP-HOP

Eine besondere Party-Location ohne den üblichen Touri-Trubel findest du im Volkshotel in der Wibautstraat, ein Stück außerhalb der Stadt. Hier kannst du im 7. Stock des Gebäudes bei leckerem Essen und guten Drinks den herrlichen Ausblick genießen und dich von den DJs in den richtigen Party-Modus bringen lassen. Im Untergeschoss des Hotels befindet sich das DOKA, ein sehr spezieller Nachtclub, der in dem Ruf steht, dass hier ALLES erlaubt ist …

Oost | Wibautstraat 150 | Metro: Wibautstraat | www.volkshotel.nl | @volkshotel

24-HOUR FOOD

FEBO-AUTOMATEN

Wenn dich der kleine Hunger packt, dann hol dir einfach einen „Snack aus der Wand" an einem der unzähligen FEBO-Automaten, die über die ganze Stadt verteilt sind (siehe Nr. 5). Top-Seller sind die Kroketten, es gibt aber auch Burger, Fritten u. v. m.

www.febo.nl | @febo.nl

BRET

>> HIP-HOP, HOUSE

Was tagsüber eine tolle Adresse zum Essen, Entspannen und Genießen ist, verwandelt sich abends in einen coolen Party-Hotspot im Industrial-Look, der die bekanntesten DJs der Niederlande anlockt. Im Sommer wird nicht nur drinnen gefeiert, sondern auch im Dachgarten und auf der großen Terrasse im Freien. Legendär sind die 24-Stunden-Partys, die bei feierlustigen Nachtschwärmern ganz hoch im Kurs stehen.

Westen | Orlyplein 76 | Metro: Amsterdam Sloterdijk | www.bret.bar | @bretamsterdam

WAREHOUSE ELEMENTENSTRAAT

>> TECHNO

In dem Lagerhaus in der Elementenstraat im Westen Amsterdams sind die größten Techno-Veranstalter des Landes zuhause. Da der Club über eine 24-Stunden-Lizenz verfügt, können manche Partynächte auch schon mal bis 10 Uhr morgens dauern. Für eingefleischte Techno-Fans ist das Warehouse ein echtes Highlight!

Westen| Elementenstraat 25 | Station: Isolatorweg | www.elementenstraat.nl | @warehouseelementenstraat

Alle wichtigen Infos zum aktuellen Kultur- und Unterhaltungsprogramm der Stadt findest du im Netz unter www.iamsterdam.com. Die Stadt hat viel zu bieten: Kunstausstellungen, Theaterinszenierungen, Festivals, Konzerte… Besitzer einer I amsterdam City Card bekommen in vielen Fällen einen Preisnachlass.

JANUAR

NATIONALER TULPENTAG

Wer im Winter in Amsterdam ist, kann hier – ganz gratis – schon einmal einen Hauch von Frühling erhaschen: Jedes Jahr am dritten Samstag im Januar wird der nationale Tulpentag gefeiert. Auf dem Dam haben niederländische Tulpenzüchter einen gigantischen Pflückgarten mit 200 000 blühenden Prachtexemplaren angelegt und jeder, der vorbeikommt, darf hier Tulpen pflücken. Die Tulpensaison ist damit offiziell eröffnet und der Export der blühenden Frühlingsboten in alle Welt kann beginnen. Wichtig: Da rund 10 000 Leute an diesem Tag hierher pilgern, um die schönsten Tulpen zu ergattern, solltest du dich rechtzeitig auf den Weg zum Dam machen.

APRIL

KONINGSDAG

Happy Birthday, König! Am 27. April, dem Königstag, feiern die Niederländer den Geburtstag ihres Königs Willem-Alexander. Der älteste Sohn von Beatrix, der früheren Königin, ist seit 2013 im Amt. Und – na klar – heute trägt jeder mit vollem Stolz *Oranje*, die Nationalfarbe des Landes. Das sieht einfach toll aus! Zur Feier des Tages verwandelt sich Amsterdam in einen riesigen Flohmarkt und ein gigantisches Straßenfest: Überall gibt's Musik, Volksfeste und sonstige Veranstaltungen und natürlich – Bier in rauen Mengen. Auf den Grachten wird in voll besetzten Partybooten gefeiert. Achtung: Fällt der 27. April auf einen Sonntag (das nächste Mal 2025), steigt die Party schon am Samstag, den 26.

MAI

BEVRIJDINGSFESTIVAL

Jedes Jahr am 5. Mai feiern die Niederländer das Ende der deutschen Besatzung im Zweiten Weltkrieg. Achtung: Dieser Tag ist ein nationaler Feiertag und daher sind viele Museen und Shops geschlossen. Aber dafür ist in Amsterdam ordentlich was geboten. In der ganzen Stadt treten Performer und Bands auf, zudem laden DJs zum Rave ein. Das größte Festival steigt im Cultuurpark Westergasfabriek, einer ehemaligen Gasfabrik und heute ein gigantischer Kulturtempel im Herzen der

Stadt. Eine andere Besonderheit sind die *Vrijheidsmaaltijden* (Freiheitsmahlzeiten), die an verschiedenen Locations der Stadt die Menschen zusammenbringen. Also in die Stadt gehen, sich treiben lassen und schauen, wo es die Amsterdamer hinzieht.
www.bevrijdingsfestivals.nl

ROLLENDE-KEUKENS-FESTIVAL

Wenn du die internationale Küche liebst, bist du auf diesem mega Foodfestival definitiv richtig. Jedes Jahr im Mai rollt eine ganze Armada von Foodtrucks nach Amsterdam und macht Station im Cultuurpark Westergasfabriek. Dieser verwandelt sich in ein duftendes Freiluftrestaurant, wo du stundenlang die angesagtesten Speisen aus aller Welt kosten kannst: Thai-Spezialitäten, Pizza, mediterrane Tapas, texanisches BBQ, Fisch, Meeresfrüchte und alles, wovon du träumst. Der Eintritt zu den rollenden Trucks ist frei, die Preise für die Gerichte sind recht manierlich, geöffnet ist das Festival von 13 bis 23 Uhr. Auf mehreren Bühnen spielen Bands und animieren das gut gesättigte Partyvolk.

JULI

AMSTERDAM GAY PRIDE

Ende Juli/Anfang August findet die Woche der Gay Pride statt, weltweit eines der wichtigsten Gay-Events. Am ersten Wochenende gibt es schon viele kleinere Veranstaltungen in der ganzen Stadt, wie Open-Air-Kino und das Pride-at-the-Beach-Festival in Zandvoort. Am Abschlusswochenende geht es dann richtig rund: Am Freitag starten die ersten großen Straßenpartys in der Reguliersdwarsstraat, Zeedijk, Spuistraat sowie Dam und Amstelveld. Das Partyvolk ist schrill,

bunt und tolerant. Am Samstag startet um 12 Uhr am Scheepvaart Museum die echt krasse Canal Parade. Sie führt über Amstel und Prinsengracht Richtung Westerdok. Dieses nasse Spektakel schaust du dir am besten von einem sicheren Platz am Ufer aus an. Wer das überlebt hat, feiert auf den Straßen weiter. Sonntags ab 15 Uhr gehen die Partys weiter; wer immer noch Power hat, geht zur Pride after in der Nacht von Sonntag auf Montag.
www.amsterdamgaypride.nl

AUGUST

GRACHTENFESTIVAL

Das Highlight des Sommers: Zehn Tage lang im August erfüllen die Klänge des Grachtenfestivals die Stadt. Über 250 Konzerte finden an 90 verschiedenen Locations statt. Das sind die großen Bühnen, aber auch kleine Schauplätze in Parks und lieblichen Gärten am Wasser. Viele Konzerte kosten nicht mal etwas! Gespielt wird klassische Musik, aber auch Jazz und Musik aus anderen Kulturen. Auf den Brettern stehen sowohl große Namen wie auch Rising Stars, die hier die Chance auf neue Fans haben. King ist, wer ein Boot hat und der Musik vom Wasser aus lauschen kann – super romantisch! Das zentrale Event ist das kostenlose Prinsengrachtconcert mit klassischer Musik von namhaften Künstlern. Die Musiker spielen auf einem Ponton in der Gracht vor dem Pulitzer Hotel und zahllose Boote versuchen, sich die besten Plätze zu sichern.
www.grachtenfestival.nl

PLUK DE NACHT

Gemütlich in einem Liegestuhl, ein-
gekuschelt in eine weiche Decke und
mit guten Freunden Filme gucken? Das
bietet das Open Air Filmfestival Pluk de
Nacht. Zehn Tage lang laufen hier Filme,
alle auf Englisch oder mit englischen
Untertiteln. Die Location ist Het Stenen
Hoofd am Ufer des IJ; dorthin ist es ein
kurzer Spaziergang vom Hauptbahnhof
in nordwestlicher Richtung. Hier steht
eine gigantische hohe Leinwand, auf die
das Pop-up Multiplex die Filme projiziert.
Wenn du nach dem Film noch nicht nach
Hause magst, gehst du noch 'ne Runde in
die Disko.

www.plukdenacht.nl

SEPTEMBER

JORDAAN FESTIVAL

Anfang September steigt im mega
angesagten Jordaan-Viertel von Freitag
bis Sonntag rund um Appeltjesmarkt
und Elandsgracht ein Festival, das den
ganz besonderen Spirit der Gemein-
schaft in diesem Quartier feiert. Auf
dem Straßenfest regieren Schlager und
Volkslieder, besonders die sentimentalen,
kitschigen *Levensslieder,* die zu Akkor-
deon und Gitarre gesungen werden. Die
bekanntesten Interpreten waren Johnny
Jordaan und Tangte Leen. Die Amsterdamer kennen alle Lieder auswendig und
singen und tanzen kräftig mit. Zudem
gibt's Trommelbands, Oper, Kabarett und
Kinderfestivals sowie einen Flohmarkt.

Und natürlich dürfen auch die kulina-
rischen Spezialitäten des Jordaan sowie
coole Drinks nicht fehlen.

www.jordaanfestival.nl

OKTOBER

AMSTERDAM DANCE EVENT

Fünf volle Tage lang wird Amsterdam
zum Pilgerort für Elektro-Fans: Hier
findet die führende Konferenz und das
Festival der elektronischen Musik statt.
2500 internationale Techno-, Elektro-,
House- und Hip-Hop-DJs geben sich
hier jedes Jahr die Ehre. Tagsüber gibt's
Workshops und Vorträge: Dort kannst
du z. B. erfahren, wie Producer arbeiten
und Start-ups präsentieren ihre neuesten
Produkte. Abends zeigen die DJs natürlich, was sie draufhaben, wenn sie in den
diversen Locations in Amsterdam spielen
und dem Partyvolk einheizen. Hier treten
DJ-Superstars genauso auf wie Newcomer. 2019 waren beispielsweise Alesso,
Armin van Buuren und Jonas Blue am
Start. Highlight ist das Amsterdam Music
Festival in der Johan Cruijff ArenA.

www.amsterdam-dance-event.nl

NOVEMBER

SINTERKLAAS INTOCHT

In den Niederlanden ist der Sinterklaas
(Heiliger Nikolaus) in der Adventszeit die
zentrale Figur. So ist es schon ein guter
Grund zum Feiern, wenn Sinterklaas In-

tocht (so sein Name) mit seinem Gehilfen, dem zwarten Piet, an einem Samstag im November mit seinem Boot beim Schifffahrtsmuseum anlegt. Der Legende nach kommt er aus Spanien, um die niederländischen Kinder zu beschenken. Hat er den Fuß auf festen Boden gesetzt, steigt er sofort auf einen Schimmel und zieht durch die Stadt. Die Sinterklaas-Saison hat begonnen! Zu dem ganzen Spektakel gibt's sogar eine Fernsehsendung mit dem Namen „Hij komt, hij komt..."

www.sintinamsterdam.nl

DEZEMBER

WEIHNACHTSZEIT

Eine tolle Stimmung verzaubert die Stadt im Dezember. Auf dem Weihnachtsmarkt kannst du die Amsterdamer Leckereien kosten – berühmt sind vor allem die *Oliebollen*, runde, frittierte Teigbällchen, die auch perfekt zum Glühwein passen. Nationalsport der Niederländer ist Schlittschuhlaufen; vielleicht möchtest auch du auf der Eisbahn auf dem Museumsplein eine Runde wagen? Eine besondere Attraktion ist das Amsterdamer Winterparadies (Het Amsterdamse Winterparadijs). Zehn Tage lang öffnet es seine Pforten und lädt zu Skilanglauf zwischen herrlichen Weihnachtsbäumen, zum Skaten oder zu einer Fahrt mit dem Riesenrad ein. Einige der beliebtesten Amsterdamer Restaurants öffnen hier ihre Außenstellen und sorgen kräftig für Après-Ski-Stimmung.

www.hetamsterdamsewinterparadijs.nl

PAKJESAVOND

Ein Highlight der Feierlichkeiten im Dezember ist der *Pakjesavond* (Päckchenabend): Am 5. des Monats verrichtet Sinterklaas endlich seinen Job und bringt Säcke voller Geschenke oder schaut persönlich vorbei. Den Abend verbringen die Menschen mit ihren Lieben in der Familie, mit gutem Essen, Gesang und Präsenten, die eben nicht erst an Weihnachten verteilt werden. Für Besucher ist wichtig, dass ab 15 Uhr die meisten Museen schließen und das öffentliche Leben fast still steht.

AMSTERDAM LIGHT FESTIVAL

Von Ende November bis Mitte Janauar verzaubern kunstvolle Lichtinstallationen niederländischer und internationaler Künstler die Stadt und die Grachten. Du kannst die leuchtenden Kunstwerke auf diversen Routen zu Fuß oder mit dem Fahrrad erkunden und bewundern. Besonders romantisch, bequem und gemütlich ist eine Bootstour, die dir die schönsten Installationen vom Wasser aus zeigt.

www.amsterdamlightfestival.com

FESTIVALS

DIE FRAGE IST NICHT OB, SONDERN ZU WELCHEM FESTIVAL DU GEHST.
AMSTERDAM HAT, WIE BEI FAST ALLEN DINGEN, FUER JEDEN ETWAS.
WERDE EINS MIT DEN VIELEN VIBES DER STADT.

AWAKENINGS FESTIVAL

Ein riesiges Elektro-, House- und Techno-Festival vor den Toren Amsterdams im Park Spaarnwoude Houtrak mit großen Grünflächen und dichtem Wald. 100 Acts auf mindestens acht Bühnen – 40 000 Fans (Alter: 18 +) feiern hier alljährlich im Sommer eine wilde zweitägige Techno-Party. In Europas Techno-Mekka geben sich dann Szene-Größen wie Adam Beyer, Dixon und Nina Kraviz die Ehre.

www.awakenings.com

DANCE VALLEY

In der Geschichte der elektronischen Musik ist ein Vierteljahrhundert wirklich eine ganze Menge – so lange gibt es das eintägige Dance-Valley-Festival schon, es ist das älteste in den Niederlanden. Kein Wunder, dass sich hier das Who is Who der Dance-Musik die Klinke in die Hand gibt – 2019 waren u. a. David Guetta und Fedde

Le Grand am Start. Schauplatz ist das Velsen-Tal nördlich von Amsterdam. Tolle Künstler, fantastische Spezialeffekte, Party und Spaß – was könnten die 15 000 Fans mehr erwarten?

www.dancevalley.com

KINGSLAND FESTIVAL

Die Niederlande sind bekanntlich ein Königreich – am 27. April wird der Geburtstag von König Willem Alexander standesgemäß landesweit mit Festen, Märkten und Events gefeiert. Auch das Kingsland Festival im Kongresscenter Amsterdam RAI ist eine Reverenz an den König – bei EDM, Elektro, House und anderen Genres wird hier Party gemacht. Das angemessene Outfit? *Oranje* natürlich!

www.kingslandfestival.nl

MILKSHAKE

Elektro, House und Techno – dieser Dreiklang bestimmt auch das Milkshake-Festival in Amsterdam, das meist Ende Juli im Amsterdamer Westerpark stattfindet. Abgesehen von der Musik dreht sich hier alles um Freiheit und Selbstverwirklichung – das Festival lebt nicht zuletzt von der bunten Vielfalt seiner Besucher, die auf mehreren Bühnen mit vorwiegend elektronischer Musik bespielt werden.

www.milkshakefestival.com

PLEASE don't STOP THE Music

AMSTERDAM MUSIC FESIVAL ♥

Schauplatz der Hauptveranstaltung dieses Oktober-Events ist die Johan Cruijff ArenA; AFAS Live und Ziggo Dome sind die weiteren Standorte. Top-Acts wie Armin Van Buuren und David Guetta (2019) begeistern bei diesem Electronic- und EDM-Festival die regelmäßig 25 000 Fans. Special effects, eine fantastische Lasershow, pyrotechnische Raffinessen, dazu die pulsierende elektronische Musik – das Ekstase-Risiko ist hoch!
www.amf-festival.com, @amffestival/

VALHALLA FESTIVAL

Auch dieses Electronic-Dance-Festival hat einen festen Platz im niederländischen Partykalender – es gilt als „Amsterdams surreale Weihnachtsparty". Die ganz großen Namen treten hier nicht auf, aber die Atmosphäre ist schlicht einmalig: ausgefallene Deko, surreal verkleidete Fans, fantastische Musik … Ein paar Tage hast du danach noch Zeit, um dich aufs Fest der Liebe einzustellen.
www.valhallafestival.nl

DGTL AMSTERDAM

Am Osterwochenende ist das Kreativzentrum NDSM Docklands Schauplatz dieses Festivals der elektronischen Musik, mit Stars der Szene ebenso wie mit Newcomern, oft aus dem lokalen Underground. Neben den Party-Vibes schwingt hier auch das große Ganze immer mit: Das DGTL bemüht sich um Nachhaltigkeit und Klimaneutralität des Events. In der Nähe gibt's in einem Wald Campingflächen.
www.dgtl.nl

DIYNAMIC FESTIVAL

In der Parkanlage Amsterdamse Bos steigt seit bald zehn Jahren im Juni die Party mit aufstrebenden Stars und Newcomern der elektronischen Musik. Und immer bringt das für seinen Do-it-yourself-Ansatz bekannte Label Diynamic hier deutsche und internationale Stars auf die Bühnen und den Bos ins Schwingen.
www.diynamicfestival.com

OH MY!

2019 war das Event (Rap, Hip-Hop, RnB, House) im Arenapark binnen zwölf Stunden ausverkauft – und die Veranstalter verstanden, dass eine größere Location her musste. Man fand sie am Almere Strand, wo die Party nun erstmals im Juli 2020 steigt. 2019 gingen bei dem Open-Air Namen wie Wizkid, Meek Mill und Davido an den Start, dazu einige lokale Newcomer.
www.ohmymusic.eu

MUSIC ON

Dieses Elektro-, House- und Techno-Festival findet an einem Mai-Wochenende im Amsterdamer Havenpark statt. Das Drumherum ist von viel Grün mit einer ordentlichen Prise industriellem Touch geprägt. Auch hier sind etablierte Größen wie Marco Carola und Jamie Jones am Start, und auch hier bekommen aufstrebende Talente eine Chance.
www.musiconfestival.nl

MAKE IT YOURS!

LEAVE ONLY

Footsteps

TAKE ONLY

Memories.

HALT SIE FEST! DEINE GANZ PERSÖNLICHEN
HOT SPOTS, GEHEIMTIPPS & ERINNERUNGEN.

Vor der Reise

NICHT VERGESSEN!

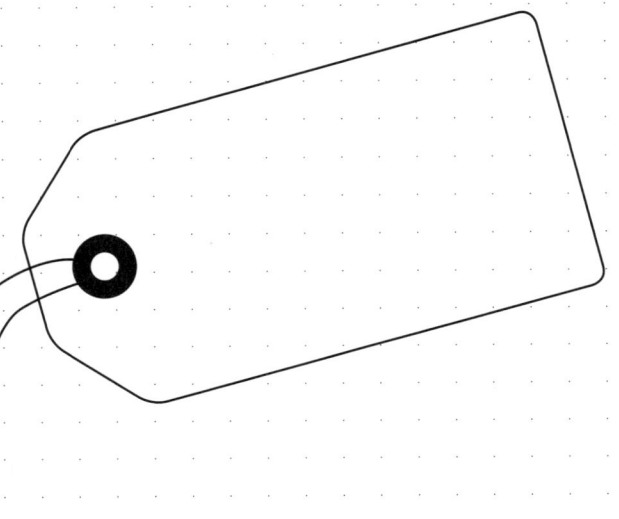

Lieblings Ort

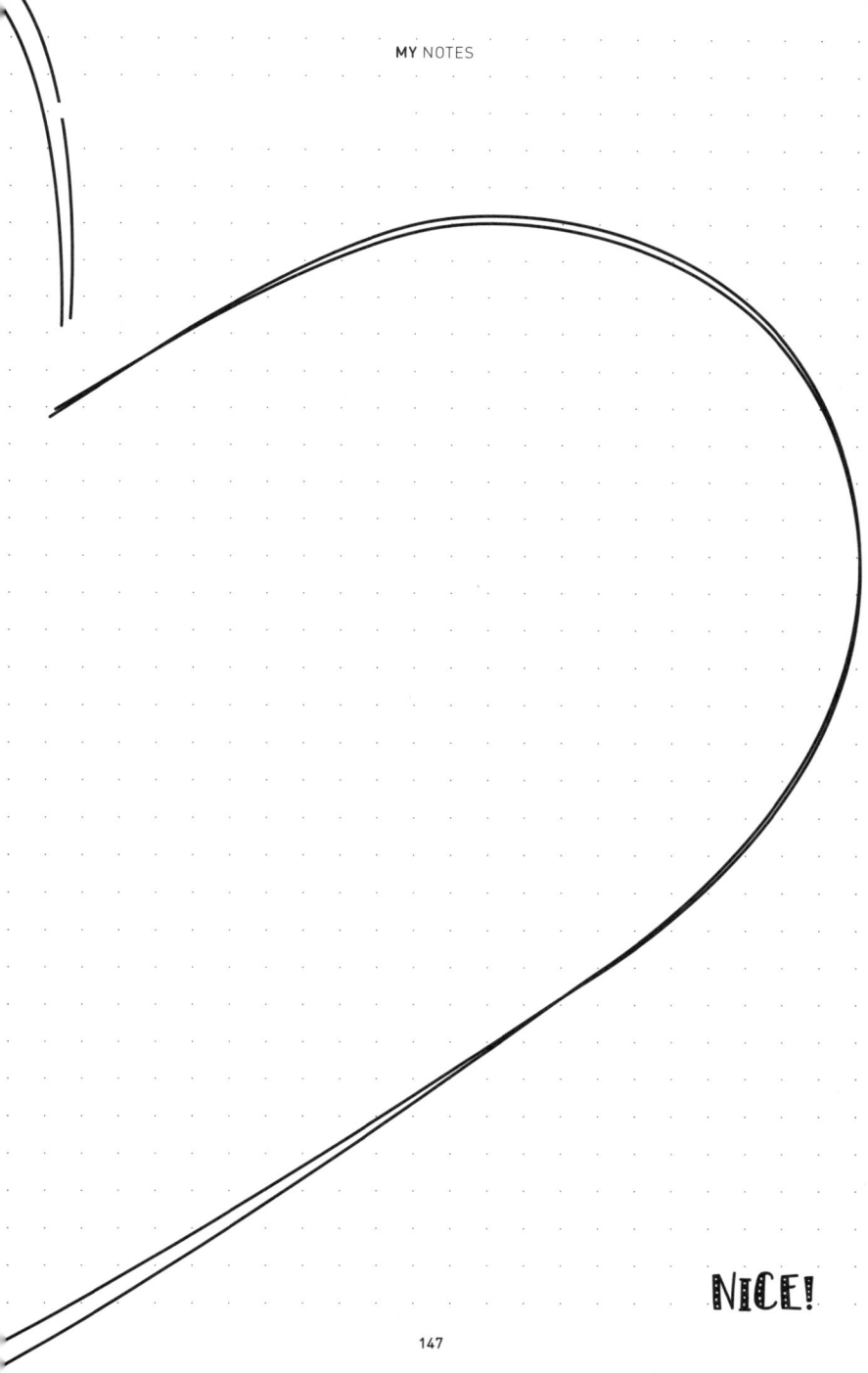

NICE!

FÜRS
NÄCHSTE
MAL
MERKEN

Do

WERDE ZUM

RESTAURANTKRITIKER

Amsterdam

RESTAURANT / CAFÉ _____

ORT / DATUM _____

GERICHT _____

KOMMENTAR _____

_____

☆ ☆ ☆ ☆ ☆   EMPFEHLENSWERT   YES ☐   NO ☐

RESTAURANT / CAFÉ _____

ORT / DATUM _____

GERICHT _____

KOMMENTAR _____

_____

☆ ☆ ☆ ☆ ☆   EMPFEHLENSWERT   YES ☐   NO ☐

RESTAURANT / CAFÉ

ORT / DATUM

GERICHT

KOMMENTAR

☆ ☆ ☆ ☆ ☆   EMPFEHLENSWERT   YES ☐   NO ☐

RESTAURANT / CAFÉ

ORT / DATUM

GERICHT

KOMMENTAR

☆ ☆ ☆ ☆ ☆   EMPFEHLENSWERT   YES ☐   NO ☐

Yummy, Yummy!

RESTAURANT / CAFÉ

ORT / DATUM

GERICHT

KOMMENTAR

☆ ☆ ☆ ☆ ☆   EMPFEHLENSWERT   YES ☐   NO ☐

RESTAURANT / CAFÉ

ORT / DATUM

GERICHT

KOMMENTAR

☆ ☆ ☆ ☆ ☆   EMPFEHLENSWERT   YES ☐   NO ☐

RESTAURANT / CAFÉ

ORT / DATUM

GERICHT

KOMMENTAR

☆ ☆ ☆ ☆ ☆   EMPFEHLENSWERT   YES ☐   NO ☐

RESTAURANT / CAFÉ

ORT / DATUM

GERICHT

KOMMENTAR

☆ ☆ ☆ ☆ ☆   EMPFEHLENSWERT   YES ☐   NO ☐

RESTAURANT / CAFÉ

ORT / DATUM

GERICHT

KOMMENTAR

☆ ☆ ☆ ☆ ☆ EMPFEHLENSWERT YES ☐ NO ☐

RESTAURANT / CAFÉ

ORT / DATUM

GERICHT

KOMMENTAR

☆ ☆ ☆ ☆ ☆ EMPFEHLENSWERT YES ☐ NO ☐

RESTAURANT / CAFÉ

ORT / DATUM

GERICHT

KOMMENTAR

☆ ☆ ☆ ☆ ☆ EMPFEHLENSWERT YES ☐ NO ☐

We love
Amsterdam!

BILDNACHWEIS

Fotos: iStock: AndreyKrav (21), jacoblund (116); Laif: Miquel Gonzalez (109), Eva Häberle (97), Thomas Linkel (69); mauritius images: Werner Dieterich (12), Rene Mattes (74), Ernst Wrba (89); mauritius images/Alamy: Martin Bond (119), Directphoto Collection (118/119), Frans Lemmens (11, 29), Mike McHugh (55), Wiskerke (46, 106); mauritius images/hemis.fr (111); mauritius images/The Picture Pantry (84); Mediamatic Eten (34); picture-alliance/DPR (48/49); Lara Runarsson (Cover l. und M., Rückcover, 3, 4, 16, 19, 24, 25, 27, 31, 36, 38, 42, 52, 53, 54, 58, 66, 68, 76, 78, 82, 82/83, 86, 87, 90, 91, 94, 96, 104, 113, 114, 158); Shutterstock: Adri (110), AnhTuanNguyen (56 r.), fokke baarssen (60), Harry Beugelink (64/65), Roselinde Bon (71), sergey causelove (57), chrisdorney (118), Ivo Antonie de Rooij (47), Eivaisla (70), Evannovostro (77 l.), Anton Ivanov (108), joyfull (88 u.), kavalenkau (92), Aleksei Kazachok (51), Michael KN (72), Kit Leong (65), Gareth Lowndes (100), MarianaD_37 (Cover r.), meunierd (56 l.), Oscity (26), Albert Pego (37), David Peperkamp (112), Picture Partners (77 r.), PM20 (32), Xandra R (20), Luigi Saria (28), tanialerro.art (88 o.), TasfotoNL (75), Alaattin Timur (48), Tupungato (22, 50), Dennis van de Water (30), Ververidis Vasilis (44), Ian Winslow (98/99), Dave Z (115), Oena Z (18); Sticky Fingers (98)

IMPRESSUM

1. Auflage, April 2020
ISBN | 978-3-8283-0938-8

Konzeption & Chefredaktion | Selina Louise Missel
Co-Autorin | Lara Runarsson
Produktion | red.sign GbR, Stuttgart
Design & Illustration | Ina-Marie Inderka
Kartografie | Hallwag Kümmerly+Frey AG

Printed in Italy

Sag uns deine Meinung!

Egal ob du uns von deinem schönsten Urlaubsmoment, dem besten Foodspot oder der coolsten Foto-Location erzählen willst, schreib uns unbedingt! Natürlich freuen wir uns auch über Lob und Kritik zu unseren TravelBooks.

hello@guideme.ch

Hinweis

Dieser Reiseführer wurde natürlich mit allergrößter Sorgfalt und viel Herzblut für dich erstellt und recherchiert, allerdings können dem größten Streber Fehler unterlaufen und manche Adressen und Gegebenheiten ändern sich schneller, als man denkt. Deshalb müssen wir aus rechtlichen Gründen betonen, dass inhaltliche und sachliche Fehler leider nicht ausgeschlossen werden können. Alle Angaben sind ohne Gewähr des Autors oder des Verlages und somit besteht keine Haftung. Sollten dir allerdings Fehler auffallen, freuen wir uns über eine Nachricht von dir an hello@guideme.ch. PS.: Einen kleinen „Fehler-Finderlohn" gibt's dann natürlich auch von uns!

guideme_travel | www.guideme.ch

Genug von Amsterdam?

DANN REISE MIT UNS DOCH MAL NACH...

Deine Lieb-
lingsstadt fehlt?
Dann schreib
uns unter hello@
guideme.ch

UND FÜR DEINEN NÄCHSTEN
ROADTRIP DURCH EUROPA HABEN
WIR AUCH SCHON DAS PASSENDE:
UNSERE CLEVEREN TRAVELMAPS!